Diabetiker Kochbuch

Diabetiker Kochbuch

Südwest

Inhalt

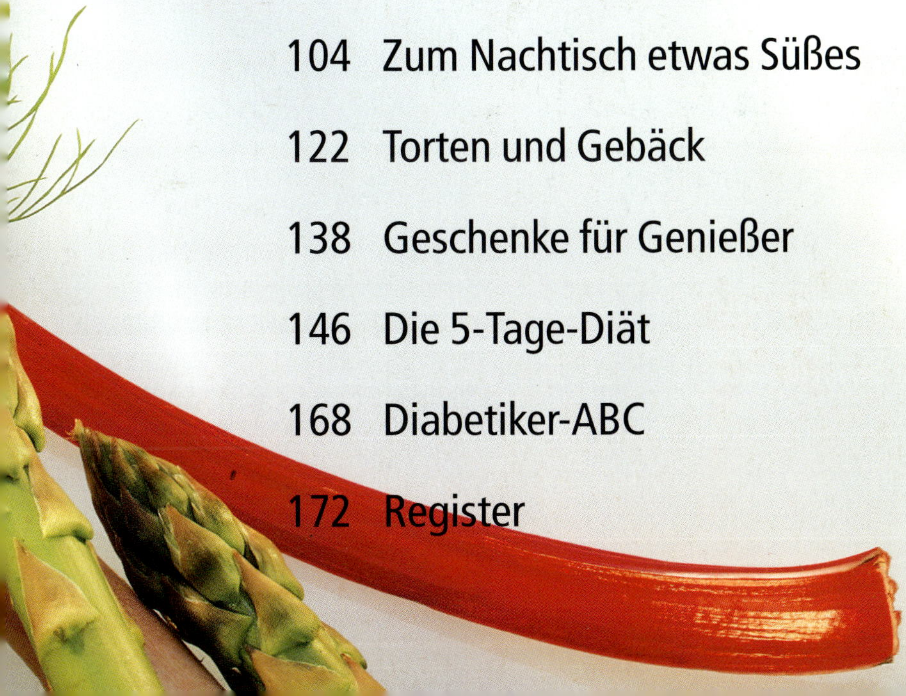

Nutzen Sie die Chance

In den Industrieländern ist Diabetes inzwischen eine Volkskrankheit geworden. Beugen Sie deshalb rechtzeitig vor, und ändern Sie ungesunde Lebensgewohnheiten.

Noch immer glauben viele Menschen, nach der Diagnose Zuckerkrankheit (Diabetes mellitus) sei es mit Freude am Essen für immer vorbei. Weit gefehlt!
Für Sie als Diabetiker werden sich nur zwei Dinge grundlegend ändern: Sie sollten zum einen über die Stoffwechselvorgänge in Ihrem Körper Bescheid wissen und sich zum anderen intensiv mit der Qualität Ihrer Nahrung auseinander setzen. Im Idealfall werden Sie zum Spezialisten in eigener Sache, der mit anderen Spezialisten, also dem behandelnden Arzt und einer Ernährungsberatung, kompetent, partnerschaftlich und effektiv zusammenarbeitet. Sie selbst werden von dieser Zusammenarbeit und Ihrem Wissen am allermeisten profitieren, weil Sie sich vital und leistungsfähig fühlen. Und ebenso, wie falsche Nahrung unserem Körper schadet, ist richtig zusammengestellte, genussvolle Ernährung die beste Therapie, auch bei Diabetes mellitus.

Informieren Sie sich ...

Jeder, der mit dieser Krankheit konfrontiert wird, hat das Gefühl, eine Tür sei für immer hinter ihm zugeschlagen. Und jeder reagiert anders auf die Veränderung: Mit Angst, einem Gefühl der Lähmung, mit Verleugnen, Verdrängen oder Verhandeln (»Heute noch Buttercremetorte, morgen fange ich an«). Je früher Sie beginnen, die Zuckerkrankheit als Teil von sich zu akzeptieren und sich aktiv damit auseinander zu setzen, desto besser werden Sie sich fühlen, und desto unbeschwerter wird auch Ihr Alltag sein.

Nehmen Sie möglichst früh an einer Diabetikerberatung teil. In so gut wie allen Allgemeinkrankenhäusern gibt es Schulungen, die von erfahrenen Ernährungsberatern und Ärzten geleitet werden. Darüber hinaus können Sie sich an Spezialkliniken und zentrale

Beratungsstellen wenden (Adressen Seite 21). Dort bekommen Sie nicht nur Information und Verhaltenstips, Sie werden auch zur Änderung ungesunder Lebensgewohnheiten motiviert.

... und genießen Sie Ihr Essen

Arbeitsalltag, Essen in der Kantine, Sport, Reisen, Restaurantbesuche, eine Einladung bei Freunden oder Kochen für Gäste: Wie soll man sich in Alltag und Freizeit verhalten?

Jedem von uns würde es schwer fallen, lieb gewordene Gewohnheiten von einem Tag auf den anderen zu ändern. Gerade beim Essen sind wir zu Recht besonders anspruchsvoll, und genau diesen Anspruch dürfen Sie geltend machen! Sie müssen sich nicht kasteien, nur weil Sie Diabetiker sind. Wir haben für Sie Gerichte zusammengestellt, die wunderbar schmecken, einfach nachzukochen sind und sich für die ganze Familie eignen.

In Ihrer Küche wird es bunter aussehen, weil Sie viel Obst und Gemüse verwenden. Nutzen Sie den Schwung, und betrachten Sie den Diabetes als Herausforderung. Wenn Sie einige ganz einfache Hinweise beachten, sich täglich selbst motivieren (und belohnen!), werden Sie schnell den Erfolg spüren. Kleben Sie sich Zettel, Lebensmittellisten oder das Küchenplakat, das Sie im hinteren Umschlag dieses Buches finden, an die »Gefahrenstellen«, etwa den Kühlschrank. Übergewichtige Typ-II-Diabetiker, die abnehmen wollen, sollten erst gar keine Schokolade im Haus haben. Auch ein Glas Möhrensaft schmeckt süß. Legen Sie gewaschenes, in Stücke geschnittenes Obst bereit, denn der Heißhunger kommt plötzlich.

Sie werden sehen, Gesundheit hat sehr viel mit Genuss und Lebensfreude zu tun. Und umgekehrt ist Lebensfreude die beste Voraussetzung für Gesundheit.

Monika Donath
Christine Pitzke

Besorgen Sie sich den Gesundheitspass Diabetes, der von der Deutschen Diabetes-Gesellschaft herausgegeben wird.

Blutzucker ist lebensnotwendig

Kohlenhydrate sind unentbehrliche Energielieferanten für unseren Körper. Immer wenn wir Kohlenhydrate, also beispielsweise Nudeln, Reis, Brot, Kartoffeln oder Kuchen zu uns nehmen, werden sie »verstoffwechselt«: Sie werden im Darm in den einfachen Baustein Traubenzucker (Glukose) aufgespalten und gelangen über die Darmwand ins Blut. Kurze Zeit nach einer kohlenhydrathaltigen Mahlzeit steigt also der Blutzuckerspiegel an. Jetzt befindet sich der Treibstoff Glukose im Blut und muss in die Körperzellen transportiert werden.
Ob im Herzmuskel, im Armmuskel oder im Gehirn: Jede einzelne Zelle ist auf diesen Energieträger angewiesen. Damit aber die Glukose aus dem Blut in die Zellen gelangen kann, ist gewissermaßen als Schlüssel zum Öffnen der Zelltüren das Insulin erforderlich.

Was ist Insulin?

Das Hormon Insulin wird von bestimmten Zellen der Bauchspeicheldrüse, den so genannten B-Zellen der Langerhans-Inseln, produziert. Beim Zuckerkranken funktioniert das »Öffnen der Zelltüren« mittels Insulin nicht, und es gelangt zu wenig oder keine Glukose in die Zellen – der Zuckerspiegel im Blut bleibt hoch. Das kann verschiedene Gründe haben:

- Die Bauchspeicheldrüse produziert zu wenig oder gar kein Insulin.
- Es wird zwar genügend Insulin produziert, die Zellen sprechen aber nicht darauf an: Sie haben eine Blockade (Insulinresistenz) entwickelt.

Die optimale Blutzuckerregulation

Bei gesundem Stoffwechsel liegt der Blutzuckerwert zwischen 70 und 120 Milligramm pro Deziliter (Abkürzung: mg/dl). Das entspricht 3,9 bis 6,7 Millimol pro

Liter (Abkürzung mmol/l). Unmittelbar nach dem Essen steigt der Wert an. Ein Blutzucker von kurzfristig 140 oder 160 mg/dl liegt dann durchaus im Normalbereich. Entscheidend ist aber, dass er nicht so hoch bleibt. Ist der Blutzucker dauerhaft auf einen Wert von 170 mg/dl oder mehr erhöht, dann wird auch Zucker mit dem Urin ausgeschieden. Daher der Name Diabetes mellitus (= »honigsüßes Hindurchfließen«) oder Zuckerharnruhr.

Normalwerte für Blutzucker

Nüchternzucker	70 bis 100 mg/dl
Grenzbereich	100 bis 120 mg/dl
Diabetisch	über 120 mg/dl
Nierenschwelle	etwa 170 mg/dl

(bei Überschreiten dieser Grenze ist der Zucker auch im Urin nachweisbar)

Typ I und Typ II

Heute gibt es weltweit mehr als 100 Millionen Diabetiker, davon allein in Deutschland rund vier Millionen. Etwa 90 Prozent von ihnen haben Typ-II- (»Altersdiabetes«), und rund 10 Prozent Typ-I-Diabetes (»Jugenddiabetes«).

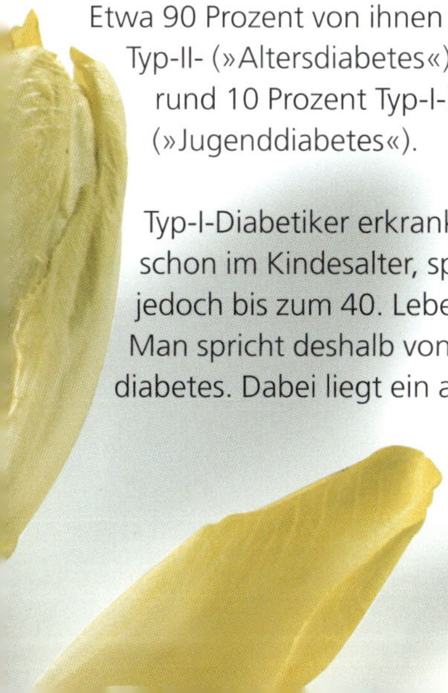

Typ-I-Diabetiker erkranken oft schon im Kindesalter, spätestens jedoch bis zum 40. Lebensjahr. Man spricht deshalb von Jugenddiabetes. Dabei liegt ein absoluter Insulinmangel vor, das heißt, die Bauchspeicheldrüse produziert zu wenig oder überhaupt kein Insulin. Es muss daher regelmäßig von außen zugeführt werden. Wenn durch den Insulinmangel zu wenig Energie in die Zellen gelangt, greift der Körper auf seine Reserven im Fett- und Muskelgewebe zurück. Typ-I-Diabetiker sind daher oft sehr schlank.

- Typ-II-Diabetiker erkranken meist um das 50. Lebensjahr. Man spricht deshalb auch von Altersdiabetes. Bei ihnen besteht ein relativer Insulinmangel, das heißt, die Bauchspeicheldrüse produziert zwar Insulin, doch spricht das Körpergewebe nicht genügend darauf an, wobei Übergewicht diese Insulinresistenz verstärkt. Die meisten übergewichtigen Typ-II-Diabetiker könnten ihre Blutzuckerwerte allein dadurch normalisieren, dass sie abnehmen. Nur bei einer schon eingeschränkten Funktion der Bauchspeicheldrüse sind Medikamente erforderlich. Bevor sich ein Typ-II-Diabetes entwickelt, leiden viele Menschen schon seit Jahren am metabolischen Syndrom (auch »Syndrom X« genannt). So bezeichnet der Arzt eine Kombination aus

Während bei Typ-II-Diabetes eine krasse Fehlernährung die Krankheit auslöst, wird beim Typ I eine Autoimmunreaktion als Ursache angenommen: Abwehrzellen des Immunsystems, die uns vor Krankheitserregern schützen sollen, richten sich plötzlich gegen körpereigene Zellen.

Übergewicht, Bluthochdruck, Fettstoffwechselstörungen, insbesondere erhöhten Cholesterinwerten und Gicht.

Achten Sie auf die Signale Ihres Körpers

Wenn Ihre Eltern oder Geschwister bereits zuckerkrank sind, sollten Sie regelmäßig Ihre Blutzuckerwerte kontrollieren und möglichst kein Übergewicht haben. Eine erbliche Veranlagung zu Typ-II-Diabetes kann bei einer konsequenten und vernünftigen Lebensweise unwirksam bleiben.

Ein erhöhter Blutzuckerspiegel verursacht keinerlei Schmerzen, er macht sich aber trotzdem bemerkbar. Bei Überzuckerung sendet der Körper Signale aus, die auf Diabetes hinweisen:

- Durst und häufiges Wasserlassen: Ist der Blutzuckerspiegel sehr hoch, so wird ein Teil der Glukose mit dem Harn ausgeschieden. Zusammen mit dem Zucker geht dem Organismus auch vermehrt Wasser verloren. Man muss häufiger Wasser lassen und hat auch ständig Durst.

- Heißhunger bei gleichzeitigem Gewichtsverlust: Weil die Glukose nicht verwertet, sondern ungenutzt ausgeschieden wird, verliert man Gewicht – bei unveränderten Ernährungsgewohnheiten. Das kann sehr irritierend sein, denn es hat mit einer therapeutischen Gewichtsreduktion nichts zu tun.

- Müdigkeit und Abgeschlagenheit: Durch die vermehrte Harnausscheidung gehen auch wichtige Mineralien verloren, die für alle Stoffwechselvorgänge benötigt werden. Weil außerdem zu wenig von dem Energiestoff Glukose in den Körperzellen ankommt, lässt die körperliche und geistige Leistungsfähigkeit stark nach.

- Juckreiz und Infektionen im Genitalbereich: Das chemische Milieu im weiblichen Genitalbereich ändert sich. Chronischer Juckreiz und häufig wiederkehrender Vaginalpilz können daher durch Diabetes mellitus verursacht sein.

- Weitere Beschwerden: Auch Schwindel, Sehstörungen, verzögerte Wundheilung, häufige Wadenkrämpfe, Hautjucken, Hautekzeme und Potenzstörungen können eine Zuckerkrankheit als Auslöser haben.

Normalgewicht und Bodymass Index

Wenn Sie Typ-II-Diabetiker sind, sollten Sie versuchen, Ihr Normalgewicht zu halten oder zu erreichen. Damit wird der gesamte Stoffwechsel entlastet, und die Bauchspeicheldrüse, sofern sie noch Insulin produziert, kann den Bedarf wieder selbstständig decken.

Vielleicht gehören Sie zu den zahlreichen Diabetikern, die ihre Krankheit nur durch Gewichtsabnahme behandeln können und keinerlei Medikamente benötigen.

- Das Normalgewicht errechnet sich aus Körpergröße in Zentimetern minus 100. Wenn Sie also 170 Zentimeter groß sind, beträgt Ihr Normalgewicht 70 Kilogramm.

- Der Bodymass Index (BMI) ist der Quotient aus Körpergewicht in Kilogramm und Quadrat der Körpergröße in Metern. Mit der folgenden Formel berechnen Sie Ihre Kennzahl für die Körpermasse:

$$\text{BMI} = \frac{\text{Gewicht}}{(\text{Größe})^2}$$

Beispiel:

$$\text{BMI} = \frac{70}{(1{,}70\ \text{m})^2} = 24{,}2$$

Wenn Sie also, wie in unserem Beispiel, 70 Kilogramm wiegen und 1,70 Meter groß sind, dann haben Sie einen BMI von 24,2. Als Normwert gilt bei Frauen ein BMI zwischen 18 und 24, bei Männern zwischen 20 und 25.

Behandeln durch Bewegung

Machen Sie als übergewichtiger Typ-II-Diabetiker keine radikale Abmagerungskur, um Ihr Normalgewicht zu erreichen. Die sehr viel bessere Therapie ist – neben einer sinnvoll zusammengestellten Reduktionskost (siehe Seite 146ff.) – ausreichend Bewegung: An drei Tagen pro Woche sollten Sie sich so anstrengen, dass kurze Zeit das Herz kräftig klopft und Sie ordentlich schwitzen. Beginnen Sie damit aber nicht, ohne vorher Ihren Arzt gefragt zu haben.

- Günstig sind Ausdauersportarten wie Wandern, Radfahren, Schwimmen, Gymnastik, Tanzen, Skilanglauf oder Joggen, aber auch Treppensteigen oder körperliche Arbeit in Garten und Haushalt.

- Bewegung verbessert die Ansprechbarkeit der Zellen für Insulin. Langfristig werden Sie also weniger Medikamente benötigen.

Vorsicht, kein Sport bei Unter- oder Überzuckerung! Auch bei Blutzuckerwerten von mehr als 250 mg/dl dürfen Sie keinen Sport treiben. Bewegung kann dann zur weiteren Erhöhung des Zuckerspiegels führen. Denn durch die Muskelarbeit wird die Leber veranlasst, Zuckerreserven einzuschmelzen und auf diese Weise Energie zur Verfügung zu stellen.

Wann ist Ihr Diabetes »gut eingestellt«?

Wenn sich die Blutzuckerwerte durch Tablettenbehandlung allein nicht normalisieren, verordnet der Arzt eine ergänzende Insulinbehandlung, oder er stellt die Behandlung ganz auf Insulin um.

Der Diabetes ist gut eingestellt, wenn ein Gleichgewicht zwischen Glukose und Insulin besteht. Um den Nährstoff Glukose vermehrt in die Zellen transportieren zu können, braucht der Organismus auch mehr von dem »Türöffner« Insulin. Dieser Ausgleich funktioniert beim gesunden Menschen ganz von allein. Der Diabetiker aber muss regulierend eingreifen.

Behandlung mit Insulin oder Tabletten

Ob Sie ganz ohne Medikamente auskommen, ob Sie Tabletten oder Insulin brauchen, hängt weitgehend von der Eigenproduktion der Bauchspeicheldrüse ab.

- Typ-I-Diabetiker: Weil die Bauchspeicheldrüse kein Insulin produziert, müssen Sie das Hormon spritzen. Es gibt Insuline unterschiedlicher Herkunft und unterschiedlicher Wirkungsweise. Ob Normal-, Langzeit- oder Mischinsulin: Welche Behandlung für Sie richtig ist, kann nur Ihr Arzt im Gespräch mit Ihnen entscheiden.

- Typ-II-Diabetiker: Wenn Ihre Bauchspeicheldrüse noch genügend Insulin produziert, wird Ihr Stoffwechsel durch die so genannten Zuckertabletten bei der Selbstregulation unterstützt.

Maßnahmen bei Unterzuckerung

Auch der Stoffwechsel von Nichtdiabetikern unterliegt gewissen Schwankungen. Das ist völlig normal und reguliert sich von allein. Wenn Sie zuckerkrank sind, ist der Organismus selbst oft nicht mehr in der Lage, sich wieder in die richtigen Bahnen zu lenken. Man sagt ganz zutreffend, dass der Stoffwechsel entgleist. Seien Sie daher aufmerksam, damit Sie im Notfall eingreifen können.
Bei Werten von 60 mg/dl oder noch weniger treten die Symptome der Unterzuckerung (Hypoglykämie) auf. Dafür gibt es verschiedene Ursachen:

- Sie haben versehentlich zu viel Insulin gespritzt oder die Zuckertabletten zu hoch dosiert.

- Sie haben eine Mahlzeit verschoben oder vergessen.
- Sie haben zu wenig Kohlenhydrate gegessen.
- Sie haben eine sportliche Aktivität unterschätzt und vorher nicht genügend Kohlenhydrate verzehrt.
- Sie haben als Typ-II-Diabetiker Gewicht abgenommen, und Ihre Körperzellen sprechen besser auf Insulin an.
- Durch eine akute Erkrankung, wie etwa Brechdurchfall oder Grippe, ist Ihr Stoffwechsel außer Kontrolle geraten.
- Sie haben Medikamente eingenommen, etwa Betablocker, die den Zuckerspiegel senken.

Das sind die Symptome einer Unterzuckerung

- Gereiztheit
- Heißhunger
- innere Unruhe
- Konzentrationsstörung
- Kopfschmerzen
- schneller Puls
- Schwächegefühl
- Schweißausbruch
- Seh- und Sprechstörung
- weiche Knie
- Zittern

Unterzuckerung lässt sich durch zwei Plättchen Traubenzucker (entspricht einer Broteinheit), etwas Würfelzucker, Obstsaft, zuckerhaltige Limonade oder Kekse problemlos und schnell beheben.

Maßnahmen bei Überzuckerung

Auf Seite 10 haben wir beschrieben, durch welche Veränderungen sich eine bislang unerkannte Zuckerkrankheit bemerkbar macht. Dieselben Signale sendet Ihr Körper auch aus, wenn ein schon bekannter Diabetes nach oben entgleist.

- Prüfen Sie bei Verdacht auf Überzuckerung Ihren Urin auf Zucker und Azeton. Bei Glukosemangel in den Zellen fängt der Körper an, Fett zu verbrennen, wobei als Abbauprodukt Azeton entsteht. Die Ausatemluft riecht dann sauer.
- Rufen Sie den Arzt, und trinken Sie viel Wasser, bis er kommt.
- Wenn der Notfall überstanden ist, besprechen Sie mit ihm, was sich an Ihrem Verhalten oder an der Medikation ändern lässt.

Spätfolgen vermeiden

Schlecht eingestellter Diabetes mellitus ist eine heimtückische Krankheit. Langfristig kann er arteriosklerotische Gefäßleiden, Organ- sowie Nervenschäden verursachen. Besonders gefährdet sind die Gefäße von Nieren und Herz, die Netzhaut des Auges und die Gefäße im Unterschenkelbereich.

Alkohol liefert zwar viele Kalorien, damit er aber in unserem Organismus abgebaut werden kann, benötigen wir Glukose. Deshalb sollten Sie immer Kohlenhydrate essen, wenn Sie Alkohol trinken.

Gesunde Ernährung bei Diabetes

Verteilen Sie Ihr Essen gleichmäßig über den Tag auf sechs bis sieben kleinere Portionen. So können Sie größere Blutzuckerschwankungen vermeiden. Sie fühlen sich eher satt, und Heißhungerattacken treten gar nicht erst auf.

Generell gelten für alle Menschen, die gesund bleiben wollen, ähnliche Ernährungsempfehlungen. Demnach sollte die Energiezufuhr in etwa so verteilt sein: 50–60 Prozent Kohlenhydrate, 30 Prozent Fett (maximal), 10–20 Prozent Eiweiß.

Neben den Nährstoffen braucht unser Organismus auch regelmäßig Vitamine, Mineralstoffe, Spurenelemente und funktionsfördernde Nährstoffe.

Vom Muss zum Kann

Mit dem strengen Zählen von Kalorien und Broteinheiten (Ärzte sprechen heute lieber von Berechnungseinheiten) sei es nun vorbei, erklären Ernährungsexperten in Amerika und Europa. Eine wichtige Orientierungshilfe aber bleiben diese Einheiten nach wie vor.
In Ostdeutschland wird darüber hinaus noch mit Kohlenhydrateinheiten (KHE) gerechnet.

- Die Broteinheit (BE) entspricht 12 Gramm Kohlenhydraten.
- Die Kohlenhydrateinheit (KHE) entspricht 10 Gramm Kohlenhydraten und errechnet sich aus 1 BE abzüglich der Ballaststoffe.

Essen ohne Anrechnung

Bestimmte Lebensmittel enthalten keine Kohlenhydrate und haben deshalb keine Auswirkung auf Ihren Blutzuckerspiegel. Eine zweite Gruppe enthält wenig Kohlenhydrate. Aus dieser Gruppe können Sie bis zu 200 bzw. 125 Gramm zu sich nehmen, ohne das in Ihrer Berechnung berücksichtigen zu müssen. Die stark zuckerhaltigen Nahrungsmittel sollten Sie im Alltag meiden und sich nur für den Notfall, also bei Gefahr der Unterzuckerung, vorbehalten.

Bitte beachten Sie, dass Sie Gemüsesäfte berechnen müssen. Eine Broteinheit ist beispielsweise enthalten in:
200 Gramm Karottensaft oder
300 Gramm Tomatensaft oder
125 Gramm Rote-Bete-Saft

Lebensmittel mit und ohne Anrechnung

Ohne Anrechnung:
- Kaffee (mit und ohne Koffein)
- Schwarztee
- Kräutertees
- Mineralwasser
- Zitronensaft
- Brühe (Fleisch oder Gemüse)
- Bleichsellerie
- Blumenkohl
- Brokkoli
- Champignons
- Chicorée
- Eisbergsalat
- Endivie
- Feldsalat
- Gurke
- Knoblauch
- Kohlrabi
- Kopfsalat
- Kräuter
- Kresse
- Mangold
- Petersilie
- Pfifferlinge
- Radieschen
- Rettich
- Rhabarber
- Sauerampfer
- Sauerkraut
- Schnittlauch
- Spargel
- Spinat
- Tomaten
- Weißkohl
- Wirsing

Bis 200 Gramm ohne Anrechnung:
- Brechbohnen
- Grünkohl
- Karotten
- Lauch
- Paprika
- Rosenkohl
- Rote Bete
- Rotkohl
- Sellerie
- Zucchini

Bis 125 Gramm ohne Anrechnung:
- Artischocken
- Erbsen
- Fenchel
- Schwarzwurzeln

Vorsicht, nicht erlaubt:
- Zucker
- Honig
- zuckerhaltige Süßigkeiten
- zuckerhaltige Marmeladen
- Buttercreme
- Speiseeis
- Trockenfrüchte
- Backobst
- überreifes Obst
- Dosenobst

- Fruchtsaft
- Süßmost
- süßer Wein
- Likör
- Limonade und Colagetränke (gezuckert)
- Bier
- Malzbier

- süßer Senf
- Ketchup

Nur am Anfang werden Sie eine Lebensmittelwaage brauchen. Mit etwas Routine bekommen Sie einen guten Blick für die richtige Menge. Sie sollten aber regelmäßig anhand der Waage überprüfen, ob Ihr Augenmaß auch wirklich noch stimmt.

Spezielles Diätbier (mit wenig Malzzucker), trockener Wein und Sekt dürfen in kleinen Mengen (ein bis zwei Gläschen, maximal ein Viertelliter) getrunken werden. Essen Sie aber immer ein Stück Brot oder etwas anderes Kohlenhydrathaltiges dazu, sonst droht Unterzuckerung. Viele Medizinsäfte, Instantgetränke und Fertiggerichte enthalten ebenfalls Zucker.

Noch vor einigen Jahren wurde empfohlen, möglichst wenig Kohlenhydrate zu essen. Heute wissen wir es besser: Sie dürfen, ja Sie sollen sogar Kohlenhydrate essen, aber die richtigen müssen es sein!

Kohlenhydrate

Die kohlenhydrathaltigen Lebensmittel sind zentraler Bestandteil der Diabetikerkost. Weil sie verschieden zusammengesetzt sind, beeinflussen sie auch den Blutzuckerspiegel unterschiedlich. Entscheidend ist daher nicht nur die Menge, sondern auch die Art der Kohlenhydrate.

• Ihr Essen sollte hauptsächlich Kohlenhydrate in Form von Mehrfachzucker enthalten. Das sind jeweils aus mehreren Molekülen Einfachzucker bestehende Kohlenhydratverbindungen. Diese werden im Darm langsam zu Einfachzucker (Glukose) aufgespalten und mit zeitlicher Verzögerung ins Blut aufgenommen. Der Blutglukosespiegel steigt langsamer und erreicht nicht so hohe Werte wie nach dem Verzehr von Einfachzucker enthaltenden Nahrungsmitteln.

• Meiden Sie verfeinerte, also stark verarbeitete Lebensmittel, weil sie fast ausschließlich schnell verfügbaren Einfachzucker liefern. Essen Sie Vollkornbrot statt Weißbrot, Müsli statt Schokolade, Rohkost statt Dosengemüse.

• Die kohlenhydrathaltigen »Beilagen», also Reis, Nudeln oder Kartoffeln sollten – zusammen mit reichlich Gemüse – den größten Platz in Ihrem Speiseplan einnehmen. Allerdings müssen Sie die Kohlenhydratmenge schätzen (oder wiegen) und Ihre Tablettendosierung bzw. die Insulinmenge damit abstimmen (siehe Austauschliste auf der Umschlaginnenseite).

Was ist wie schnell verfügbar

In Relation zum reinen Traubenzucker (Glukose), der sofort ins Blut gelangt und deshalb mit 100 Prozent angesetzt wird, haben andere Kohlenhydratlieferanten folgende blutzuckersteigernde Wirkung:

- Weißbrot: 73%
- Knäckebrot: 66%
- Haushaltszucker (Saccharose): 62%
- Reis: 53%
- Nudeln: 50%
- Kartoffeln: 49%
- Bananen: 48%
- Weintrauben: 45%
- Vollkornbrot: 42%
- Sauermilchprodukte: 35%
- Äpfel: 35%
- Karotten: 32%
- Erbsen: 23%
- Fruchtzucker (Fruktose): 21%

- Frisches Obst und Gemüse gehören zu den wertvollsten und leider viel zu oft vernachlässigten Nahrungsquellen. Jede Mahlzeit sollte mit einem kleinen Salatteller beginnen, und blanchiertes Gemüse ist ein hervorragender Ersatz für kalorienreiche Saucen.

- Vitamine, Mineralien, Spurenelemente und bioaktive Substanzen regulieren unsere Stoffwechselvorgänge, so dass Sie sich bei Dauertherapie mit Frischkost spürbar vitaler fühlen werden.

- Durch den hohen Gehalt an Ballaststoffen werden die Kohlenhydrate von frischem Obst und Gemüse langsam und kontinuierlich ins Blut aufgenommen. Es kommt nicht zu Versorgungsspitzen, und umgekehrt sinkt der Blutzuckerspiegel auch nicht so rasch wieder ab.

Fette

Natürlich müssen Sie als Diabetiker nicht auf Streichfett, Öle und Nüsse verzichten. Eine allzu große Menge davon – und vor allem das falsche Fett – ist aber oft Ursache von Übergewicht, Fettstoffwechselkrankheiten und Arteriosklerose.

- Meiden Sie die versteckten Fette etwa in Wurst, Käse mit Doppelrahmstufe oder Knabbergebäck.

- Ersetzen Sie nicht die kohlenhydratreichen Lebensmittel durch fettreiche.

- Wichtig sind für Sie vor allem die ungesättigten Fettsäuren. Verwenden Sie daher in der Küche Distelöl, Leinöl, Olivenöl und Sonnenblumenöl und als Streichfett eine Diätmargarine oder Butter in sehr kleinen Mengen.

- Öfter Fisch statt Fleisch auf Ihrem Speiseplan hat viele Vorteile: Die meisten See- und Süßwasserfische sind fettarm, und das wenige Fett, das sie enthalten, ist für unseren Stoffwechsel ausgesprochen positiv. Seefisch wie Dorsch oder Seelachs versorgt Sie mit den wichtigen Omega-3-Fettsäuren. Diese regulieren den Fettstoffwechsel und helfen sogar, arteriosklerotischen Gefäßveränderungen vorzubeugen.

Nachdem Sie pro Tag maximal 30 Prozent Ihres Kalorienbedarfs durch Fette decken sollten (siehe Seite 14), dürfen Sie bei einem Tagesbedarf von 2000 Kalorien (kcal) rund 600 Kalorien in Form von Fett zu sich nehmen. Schon die Hälfte davon decken Sie mit den versteckten Fetten in Wurst, Fleisch und Fisch sowie Milch und Milchprodukten. Bleiben also nochmals 300 Kalorien, die Sie zum Kochen, für den Kaffee und als Streichfett

Unsere Nahrungsmittel enthalten Energie, die in Kalorien, genauer gesagt Kilokalorien (kcal), angegeben wird. Eine (Kilo-)Kalorie entspricht 4,2 Kilojoule.

Ein Gramm Kohlenhydrate liefert vier Kalorien (kcal), ein Gramm Eiweiß ebenfalls. Ein Gramm Fett aber hat neun Kalorien.

Besonders wichtig für Diabetiker sind auch die Spurenelemente Chrom, Zink und Mangan. Chrom (in Weizenkeimen, Bierhefe, Vollkornbrot) steigert die Wirkung des Insulins und verbessert damit die Aufnahmefähigkeit der Zellen für den Blutzucker. Zink (in Austern, Camembert, Rindfleisch, Kalbsleber, Linsen, Haferflocken) ist an der Produktion des Speicher-Insulins beteiligt wie Mangan (in Haferflocken, Soja, Heidelbeeren und Schwarztee).

verwenden dürfen. Diese 300 Kalorien lassen sich etwa folgendermaßen aufteilen:
20 g Diätmargarine + 10 g Distelöl + 10 g Olivenöl oder 10 g Kaffeesahne + 10 g Diätmargarine + 10 g Walnussöl + 20 g Sojaöl

Eiweiß

15 bis 20 Prozent Ihres Kalorienbedarfs sollten Sie mit Eiweiß decken. Enthält Ihre Nahrung zu viel Eiweiß, so werden die Nieren zusätzlich belastet. Denn Harnstoff und Harnsäure, die Abbauprodukte des Eiweiß- und des Purinstoffwechsels, können nur über die Nieren ausgeschieden werden.

- Schränken Sie den Verzehr von Fleisch und Wurstwaren ein, da diese uns meist auch mit großen Mengen an verstecktem Fett versorgen. Ersetzen Sie zwei- bis dreimal pro Woche die Fleisch- durch eine Fischmahlzeit.

- Milch ist nicht nur ein Eiweiß-, sondern auch ein wertvoller Kalziumlieferant. Besonders günstig für Diabetiker sind Sauermilchprodukte wie Joghurt, Kefir oder Dickmilch. Achten sie aber auf den Fettgehalt!

- Eier sind ein Nährstoffpaket auf kleinstem Raum. Man benötigt pro Woche nicht mehr als zwei bis drei Eier. Kartoffeln und Eier steigern sich gegenseitig in der Verwertbarkeit des Eiweißes, ohne die Nieren übermäßig zu belasten. Essen Sie deshalb manchmal eine kleine Portion dieser Kombination. Und bedenken Sie bitte, dass Sie nicht nur die Frühstücks- oder Spiegeleier essen, sondern auch in Backwaren, Puddingpulver oder Eiernudeln verarbeitete.

- Hülsenfrüchte, vor allem in Kombination mit Getreide, Kartoffeln oder Milchprodukten, versorgen uns mit wertvollem Eiweiß und mit Kohlenhydraten. Insbesondere Sojaprodukte sind mehr als ein Fleisch»ersatz«. Phantasievoll zubereitet, schmecken sie ausgezeichnet und liefern pflanzliches Eiweiß, das den Stoffwechsel weniger belastet als tierisches. Eher sparsam aber sollten Sie mit Linsen und Erbsen umgehen, weil sie relativ viel Purin enthalten.

Süßstoff und Zuckeraustauschstoffe

Viele Diabetiker sind ausgesprochene Naschkatzen, und natürlich werden Sie nach Alternativen zu den herkömmlichen Süßwaren suchen. Nicht bei allen Zuckerersatzmitteln kann man sicher sein, dass sie auch wirklich weniger Kalorien enthalten.

- Zuckeraustauschstoffe (Fruchtzucker, Mannit, Sorbit, Xylit) liefern 2,4 Kalorien (kcal) pro Gramm im Gegensatz zu gewöhnlichem Haushaltszucker, der immerhin vier Kalorien je Gramm enthält. Der Vorteil der Zuckeraustauschstoffe ist, dass sie langsamer ins Blut übergehen und damit die Insulinproduktion weniger belasten. Als Energieträger müssen Sie die Austauschstoffe aber berücksichtigen. Zwölf Gramm davon entsprechen einer Broteinheit.

- Süßstoffe (Aspartam, Azesulfam-K, Neohesperidin, Saccharin, Thaumatin, Zyklamat) werden synthetisch hergestellt und haben eine hohe Süßkraft. Sie sind kalorienfrei und werden nicht als Broteinheiten berechnet. Gehen Sie aber trotzdem mit Süßstoffen vernünftig um:

Sie sollten ein Würzmittel sein, das sparsam verwendet wird. Decken Sie Ihren Bedarf an Süßem mit Obst, das nicht überreif sein sollte. Kauen Sie gründlich, und lassen Sie alles buchstäblich im Mund zergehen. Je länger Sie kauen, desto süßer schmeckt jeder Bissen im Mund.

Ohne Probleme reisen

Wenn Sie auf ein paar wesentliche Dinge achten, wird Urlaub für Sie als Diabetiker kein Abenteuer, sondern das, was er sein soll: die erholsamste Zeit des Jahres. Sprechen Sie aber in jedem Fall zuvor mit Ihrem Arzt!

- Nehmen Sie genügend Insulin bzw. Tabletten mit. Schützen Sie während der Reise das Insulin vor Hitze- und Kälteeinwirkung, und lagern Sie es im Hotel im Gemüsefach eines Kühlschranks. Verwenden Sie zum Spritzen am besten sogenannte Pens, die ähnlich wie ein Füllfederhalter funktionieren.

- Verteilen Sie Ihre Medikamente auf Handgepäck und Hauptgepäck. Sollte eines der Gepäckstücke verloren gehen, haben Sie immer noch genügend Medikamente in Reserve dabei.

Auch die oft empfohlene Zuckeralternative Honig ist nur sinnvoll, wenn sie sparsam verwendet wird. Doch da der Zuckergehalt von Honig zum überwiegenden Teil aus Frucht- und Traubenzucker besteht, und er zudem noch andere wertvolle Biostoffe enthält, ist er dem Haushaltszucker mit seinen »leeren« Kalorien eindeutig überlegen.

Wenn sie Pens verwenden, entfällt das komplizierte Aufziehen in der Spritze. Die erforderliche Insulinmenge lässt sich einfach einstellen und durch Knopfdruck hygienisch und unauffällig spritzen.

- Nehmen Sie einen kleinen Vorrat an Vollkornbrot, Knäckebrot und vor allem Traubenzucker mit. Besorgen Sie sich spätestens jetzt ein Blutzuckermessgerät, mit dem sie regelmäßig selbst kontrollieren. Insbesondere bei Zeitverschiebung durch Flugreisen müssen Sie öfter als sonst Ihren Blutzucker messen.

- So manche Landesküche ist ein wahres Dorado für den Diabetiker. So wird in asiatischen Ländern und in Südeuropa viel Gemüse gekocht, was Ihnen sehr zugute kommt.

- Auch im Ausland sollten Sie bei Fertigprodukten darauf achten, dass sie für Diabetiker geeignet sind. Suchen Sie auf der Verpackung nach dem Aufdruck:
  (engl.) for diabetics
  (franz.) pour diabétiques
  (ital.) per diabetici
  (span.) para diabéticos

- Beugen Sie einer Darminfektion vor. Schälen Sie Obst, verzichten Sie auf Eiswürfel und Rohkost, verwenden Sie abgekochtes Wasser bzw. Mineralwasser, und essen Sie auch keine Eiscreme.

- Stellen Sie Ihre Reiseapotheke sorgfältig zusammen. Sie sollten immer Ihren Diabetikerausweis, Notfalladressen und -telefonnummern, etwas Traubenzucker und Glukagon bei sich tragen.

- Notieren Sie in der jeweiligen Landessprache auf einem Zettel, den Sie ebenfalls bei sich tragen, dass Sie Diabetiker sind. Lernen Sie die wichtigsten Sätze, die Sie beim Arzt oder Apotheker sagen müssen, auswendig. Vergewissern Sie sich, dass Sie im Ausland krankenversichert sind.

- Laufen sie am Strand nicht barfuß, und verwenden Sie Sonnencreme mit hohem Lichtschutzfaktor.

Unbeschwert im Restaurant

- Damit Sie im Restaurant unbeschwert essen können, sollten Sie schon etwas geübt sein im Abschätzen von Gewichtsmengen.

- Legen Sie den Essenstermin so, dass er Ihren Tagesrhythmus nicht zu sehr durcheinander bringt.

- Wenn Sie Insulin spritzen, fragen Sie den Kellner, ob mit längerer Wartezeit zu rechnen ist. In vielen Lokalen wird ohnehin vorab Brot serviert. Damit lässt sich eine Hungerstrecke gut überwinden.

Nützliche Adressen

Falls Sie noch weitere Fragen zu Diabetes haben, empfehlen wir Ihnen, sich an nachstehend aufgeführte Adressen zu wenden:

Deutschland:

- Deutscher Diabetiker-Bund (DDB), Bundesgeschäftsstelle, Danziger Weg 1, 58511 Lüdenscheid, Telefon 0 23 51/98 91 53

- Deutsche Diabetes-Gesellschaft (DDG), Berufsgenossenschaftliche Klinik Bergmannsheil, Universitätsklinik, Bürkle-de-la-Camp-Platz 1, 44789 Bochum, Telefon 02 34/30 20

- Deutsche Gesellschaft für Ernährung (DGE), Postfach 930201 60457 Frankfurt/Main, Telefon 0 69/976 80 30

- Bund diabetischer Kinder und Jugendlicher (BdKJ), Hahnbrunner Straße 54, 47679 Kaiserslautern, Telefon 06 31/764 88

- Schneekoppe GmbH & Co., Postfach 1163, 21206 Seevetal, Telefon 0 41 05/50 40

Österreich:

- Österreichische Diabetikervereinigung, Moosstraße 18, 5020 Salzburg, Telefon 06 62/82 77 22

Schweiz:

- Schweizerische Diabetes-Gesellschaft, Forchstraße 95, 8032 Zürich, Telefon 01/383 13 15

Überfordern Sie sich nicht. Fahren Sie möglichst nicht selbst stundenlang mit dem Auto, sondern wechseln Sie sich mit jemand anderem ab und machen Sie regelmäßig kurze Pausen.

Köstliche Frühstücksideen

Ballaststoffmüsli

Für 1 Portion
1/4 Apfel (40 g)
1/2 Banane (50 g)
Zitronensaft
2 Erdbeeren
3 Kapstachelbeeren
30 g Schneekoppe Ballaststoff-Müesli
150 g Vollmilchjoghurt
100 ml Grapefruitsaft
100 ml Schneekoppe Möhrensaft

Zubereitungszeit 10 Minuten

1 Apfel waschen, entkernen und in dünne Spalten schneiden.

2 Banane schälen und in dünne Scheiben schneiden. Apfel und Banane mit wenig Zitronensaft beträufeln.

3 Erdbeeren waschen, putzen und der Länge nach in Stücke schneiden. Kapstachelbeeren aus den Hülsen lösen, waschen und halbieren.

4 Müsli mit Obst und Joghurt mischen. Dazu Grapefruit- und Möhrensaft reichen.

► Pro Portion
1439/342 kJ/kcal • 11,4 g Eiweiß
7 g Fett • 54,3 g Kohlenhydrate
11,8 g Ballaststoffe • 4,5 BE

Herzhafter Toast

Für 1 Portion
1 Tomate, 1/2 grüne Paprika
1/4 Bund Schnittlauch
50 g Roggentoast
5 g Butter
30 g Gouda (30 % Fett i.Tr.)
Schneekoppe Meersalz, Pfeffer
150 ml Orangensaft

Zubereitungszeit 10 Minuten

1 Tomate waschen und in Scheiben schneiden. Die Paprikaschote waschen, in Streifen schneiden. Schnittlauch waschen und in Röllchen schneiden.

2 Toast leicht rösten und mit der Butter bestreichen. Tomatenscheiben und Paprikastreifen darauf legen. Mit Käsescheiben bedecken.

3 Den Toast mit Salz und Pfeffer herzhaft würzen und im vorgeheizten Backofen bei 250 °C (Umluft 230 °C, Gas Stufe 4) etwa 5 Minuten überbacken.

4 Mit Schnittlauchröllchen bestreuen und mit einem Glas Orangensaft servieren.

► Pro Portion
1444/345 kJ/kcal • 16,8 g Eiweiß
6,3 g Fett • 52,3 g Kohlenhydrate
9,2 g Ballaststoffe • 4,4 BE

Kaffee und Tee ohne Milch und Zucker sind kohlenhydrat- und kalorien-/joulefrei. Beides können Sie unbedenklich zum Frühstück genießen.

Gute-Laune-Frühstück

Für 1 Portion

- 100 ml Schneekoppe Möhrensaft
- 1/2 TL Schneekoppe Distelöl
- 1/2 Birne (60 g)
- 30 g Schneekoppe Vita-Flakes
- 125 g Kefir (3,5 % Fett)
- 2 Schneekoppe Reis-Mais-Snacks
- 1 EL Magerquark
- 20 g Schneekoppe Diät-Konfitüre Extra Erdbeere
- 20 g Appenzeller

Distelöl enthält im Durchschnitt 74 Prozent mehrfach ungesättigte Fettsäuren – so viel wie kein anderes Pflanzenöl – und stellt damit ein für die Ernährung äußerst wertvolles Fett dar, das den Fettstoffwechsel günstig beeinflusst.

Zubereitungszeit 10 Minuten

❶ Den Möhrensaft mit dem Distelöl gründlich verrühren.

❷ Birne waschen, Kerngehäuse entfernen und die Frucht in kleine Stücke schneiden.

❸ Birnenstücke mit Cornflakes und Kefir verrühren.

❹ Einen der Reis-Mais-Snacks mit Magerquark bestreichen und die Hälfte der Konfitüre darauf geben.

❺ Den zweiten Reis-Mais-Snack mit dem Käse belegen und die restliche Konfitüre darauf geben.

► **Pro Portion**
2028/480 kJ/kcal • 17,8 g Eiweiß
14,8 g Fett • 64 g Kohlenhydrate
5,4 g Ballaststoffe • 5,3 BE

Vitamin-Frühstück

Für 1 Portion

- 1/2 Grapefruit (ca. 85 g)
- 30 g Schneekoppe 10-Früchte-10-Vitamine-Vollkorn-Müesli
- 1 Walnusskern
- 2 Scheiben Schneekoppe 4-Korn-Snack
- 20 g Schneekoppe Diät-Konfitüre Exotik
- 1/8 l Vollmilch

Zubereitungszeit 10 Minuten

❶ Das Fruchtfleisch vorsichtig aus der Grapefruithälfte herauslösen (die Schale dabei nicht verletzen) und klein schneiden. Den Rand der

leeren Grapefruitschale mit einer Schere zackig einschneiden.

❷ Müsli unter das klein geschnittene Fruchtfleisch heben, mischen und in die gezackte Fruchtschale füllen. Mit dem Walnusskern verzieren.

❸ Die beiden 4-Korn-Snack-Scheiben mit der Exotik-Konfitüre bestreichen.

❹ Ein Glas Vollmilch dazu reichen.

► **Pro Portion**
1263/299 kJ/kcal • 9,8 g Eiweiß
6,7 g Fett • 48,7g Kohlenhydrate
4,4 g Ballaststoffe • 4,1 BE

Käsebrot mit Radieschen

Für 1 Portion

3 Scheiben Knäckebrot
15 g Butter
30 g Gouda (45 % Fett i.Tr.)
5 Radieschen

Zubereitungszeit 5 Minuten

❶ Die Knäckebrotscheiben mit Butter bestreichen und mit Käse belegen.

❷ Radieschen waschen, putzen und zusammen mit dem Käsebrot auf einem Teller dekorativ anrichten.

► **Pro Portion**
1396/333 kJ/kcal • 10,9 g Eiweiß
21,7 g Fett •19,8 g Kohlenhydrate
5,7 g Ballaststoffe • 1,7 BE

TIP

Statt mit Radieschen können Sie Ihr Frühstücksbrot auch mit jedem anderen Gemüse anreichern. Besonders lecker schmecken Gurken– oder Rettichscheiben und Paprikastreifen.

TIP

Weizenkleie und Leinsamen enthalten wertvolle Naturfaserstoffe, die die Darmbewegung vorbildlich in Gang bringen. Deshalb reichlich dazu trinken.

Power-Frühstück

Für 1 Portion

100 g Erdbeeren
40 g Schneekoppe Ballaststoff-Müesli
100 ml Vollmilch
100 ml Schneekoppe Sauerkirsch-Trunk
1 EL Schneekoppe Weizenkleie
1/2 Bund Schnittlauch
1 Ei, Salz, Pfeffer
20 g gekochter Schinken
1 Scheibe Schneekoppe Vollkorn-Reis-Snacks

Zubereitungszeit 15 Minuten

❶ Erdbeeren klein schneiden, mit Müsli und Milch vermischen.

❷ Sauerkirsch-Trunk und Weizenkleie verrühren. Schnittlauch in feine Röllchen schneiden.

❸ Ei verquirlen, mit Salz und Pfeffer würzen. Schinken würfeln und mit der Eimasse in einer beschichteten Pfanne stocken lassen.

❹ Schinken-Rührei auf dem Reis-Snack anrichten und mit Schnittlauchröllchen bestreuen.

▶ Pro Portion

1970/468 kJ/kcal • 22,2 g Eiweiß
15,2 g Fett • 56 g Kohlenhydrate
16,4 g Ballaststoffe • 4,7 BE

Ein solches Power-Frühstück mit frischen Beeren, Fruchtsaft und Schinken-Rührei gibt Ihnen Schwung für den ganzen Tag (Seite 27).

Vollkornbrot mit Tomatenquark

Für 1 Portion

100 g Magerquark
1 EL Vollmilch
1 Tomate
1/2 Zwiebel
einige Stängel Petersilie
Schneekoppe Meersalz
1 Scheibe Vollkornbrot
1 TL Butter

Zubereitungszeit 10 Minuten

❶ Den Magerquark mit der Milch glattrühren. Die Tomate mit kochendem Wasser überbrühen, häuten, grüne Teile entfernen und in Würfel schneiden.

❷ Die Zwiebel abziehen und würfen. Die Petersilie waschen, die Blättchen von den Stielen zupfen und fein hacken.

❸ Tomatenwürfel, Zwiebel und Petersilie unter den Quark rühren. Mit Salz abschmecken.

❹ Das Vollkornbrot mit der Butter bestreichen und zum Tomatenquark servieren.

▶ Pro Portion

928/221 kJ/kcal • 18,0 g Eiweiß
5,7 g Fett • 23,4 g Kohlenhydrate
4,8 g Ballaststoffe • 1,9 BE

Mandarinen-Dickmilch-Müsli

Für 1 Portion
2 Mandarinen
125 g Dickmilch (3,5 % Fett)
30 g Schneekoppe 10-Früchte-10-Vitamine-Vollkorn-Müesli
1 TL Sonnenblumenkerne
2-3 Blättchen Zitronenmelisse

Zubereitungszeit 10 Minuten

❶ Mandarinen schälen, in Spalten teilen und von der Haut befreien.

❷ Mandarinenspalten mit Dickmilch und Müsli verrühren.

❸ Sonnenblumenkerne (eventuell geröstet, siehe Tip) darüber streuen. Zitronenmelisse in feine Streifen schneiden und ebenfalls über das Müsli geben.

► **Pro Portion**
997/237 kJ/kcal • 9 g Eiweiß
7,7 g Fett • 31 g Kohlenhydrate
4,2 g Ballaststoffe • 2,6 BE

TIP

Noch nussiger schmecken Sonnenblumenkerne, wenn Sie sie in einer trockenen Pfanne unter Wenden goldgelb rösten.

Brötchen mit Konfitüre

Für 1 Portion
1 Roggenbrötchen (40 g)
10 g Butter
20 g Schneekoppe Diät-Konfitüre Holunder-Kirsche
1 TL Schneekoppe Leinsamen geschrotet

Zubereitungszeit 5 Minuten

Brötchen halbieren, jede Hälfte mit Butter und der Holunder-Kirsch-Konfitüre bestreichen und mit Leinsamen bestreuen.

► **Pro Portion**
1066/254 kJ/kcal • 5,4 g Eiweiß
12,4 g Fett • 28,2 g Kohlenhydrate
4,9 g Ballaststoffe • 2,4 BE

Rote Beten enthalten unter anderem sehr viel Folsäure, das auch für die Produktion von Hormonen und Nervenreizstoffen wie Dopamin und Noradrenalin sorgt. Diese Stoffe beeinflussen unser psychisches Wohlbefinden positiv.

Wurst-Frühstück mit Rote-Bete-Saft

Für 1 Portion

- 1 Scheibe Graubrot (40 g)
- 10 g Butter
- 30 g Geflügelmortadella
- 50 g Salatgurke
- 200 ml Schneekoppe Rote-Bete-Saft
- 1 EL Schneekoppe Weizenkleie
- etwas Zitronensaft

Zubereitungszeit 5 Minuten

❶ Das Graubrot mit der Butter bestreichen und mit der Geflügelmortadella belegen.

❷ Die Salatgurke waschen, in dünne Scheiben schneiden und das Mortadellabrot damit dekorativ garnieren.

❸ Den Rote-Bete-Saft gründlich mit Weizenkleie und Zitronensaft verrühren und zum Wurstbrot servieren.

► **Pro Portion**
1441/344 kJ/kcal • 12,7 g Eiweiß
14,7 g Fett • 35,5 g Kohlenhydrate
14,1 g Ballaststoffe • 3 BE

TIP

Für eine Reduktionsdiät ersetzen Sie den Sahnejoghurt im Obstsalat durch Magerjoghurt. Schlanke Typ-I-Diabetiker dürfen aber ruhig zur gehaltvolleren Version greifen.

Obstsalat mit Flakes

Für 1 Portion
- 1 kleiner Apfel (100 g)
- 1/2 Banane (60 g)
- 30 g Schneekoppe Vita-Flakes
- 125 g Sahnejoghurt

Zubereitungszeit 5 Minuten

1. Den Apfel waschen, vierteln, entkernen und die Viertel in dünne Spalten schneiden.

2. Die Banane schälen und in Scheiben schneiden. Apfelviertel und Bananenscheiben mit Flakes und Joghurt mischen.

Pro Portion
1471/349 kJ/kcal • 7 g Eiweiß
13,3 g Fett • 47,3 g Kohlenhydrate
5,2 g Ballaststoffe • 3,4 BE

Erdbeerquark mit Zwieback

Für 1 Portion
- 200 g Erdbeeren
- 100 g Magerquark
- 1 EL Schlagsahne
- 1 TL Schneekoppe Diät-Konfitüre Erdbeere
- Schneekoppe Süßkraft flüssig
- 2 Scheiben Vollkornzwieback

Zubereitungszeit 10 Minuten

1. Die Erdbeeren waschen und putzen. Die Hälfte der Erdbeeren pürieren, die andere Hälfte in kleine Stücke schneiden.

2. Magerquark mit Sahne, Erdbeerkonfitüre und pürierten Erdbeeren glattrühren und süßen. Erdbeerstücke unterheben und den Quark mit den Zwiebäcken servieren.

Pro Portion
1086/259 kJ/kcal • 19,5 g Eiweiß
7,3 g Fett • 25,4 g Kohlenhydrate
6,5 g Ballaststoffe • 2,1 BE

Quarkbrot mit Ei

Für 1 Portion
- 1 Ei
- 1 Scheibe Vollkornbrot (40 g)
- 10 g Butter, 30 g Magerquark
- 10 g Schneekoppe Diät-Konfitüre Aprikose

Zubereitungszeit 8 Minuten

1. Ei in 5 Minuten weich kochen.

2. Vollkornbrot mit Butter bestreichen. Darauf Magerquark und Konfitüre geben.

Pro Portion
1272/303 kJ/kcal • 14,8 g Eiweiß
15,5 g Fett • 21,7 g Kohlenhydrate
3,5 g Ballaststoffe • 1,8 BE

Der Obstsalat mit Flakes ist schnell gemacht und verführt auch Frischobstmuffel zu einem gesunden Frühstück (Seite 31).

Schinkenhörnchen mit Saft

Kresse enthält viel Vitamin C und Eisen. Ihre Vitalstoffe wirken blutreinigend und kurbeln den Stoffwechsel an.

Für 1 Portion

1 Hörnchen mit Mohn (35 g)
10 g Butter
30 g gekochter Schinken
1 EL Kresse
200 ml Orangensaft

Zubereitungszeit 5 Minuten

1. Hörnchen durchschneiden, jede Hälfte mit Butter bestreichen und mit dem gekochten Schinken belegen.

2. Schinkenhörnchen mit Kresse bestreuen. Dazu den Orangensaft trinken.

► Pro Portion

1587/380 kJ/kcal • 10,3 g Eiweiß
22,7 g Fett • 29 g Kohlenhydrate
3 g Ballaststoffe • 2,4 BE

Vitaminbrot

Für 1 Portion

30 g Salatgurke
1 kleine Karotte (50 g)
1/2 kleiner Apfel (50 g)
1 EL Magermilchjoghurt
Salz, Pfeffer
Schneekoppe Süßkraft flüssig
40 g Vollkornbrot
10 g Butter

Zubereitungszeit 12 Minuten

1. Gurke waschen und in Scheiben schneiden. Karotte schälen und grob raspeln. Apfel waschen, vom Kerngehäuse befreien und ebenfalls grob raspeln.

2. Apfel und Karotte mit Joghurt verrühren. Mit Salz, Pfeffer und Süßkraft würzen.

3. Vollkornbrot mit Butter bestreichen, mit Gurkenscheiben belegen und den Karotten-Apfel-Joghurt darauf häufen.

► Pro Portion

871/207 kJ/kcal • 4,3 g Eiweiß
9,3 g Fett • 24,2 g Kohlenhydrate
6,3 g Ballaststoffe • 2 BE

Sonntagsfrühstück

Für 1 Portion

- 1 Ei
- 1 Scheibe Knäckebrot
- 20 g Schneekoppe Pikanter Aufstrich Paprika
- 1/4 Bund Kerbel
- 4 Kirschtomaten
- 125 g Magerquark
- 50 g Himbeeren
- Schneekoppe Süßkraft flüssig
- einige Blättchen Zitronenmelisse

Zubereitungszeit 50 Minuten

1. Das Ei in etwa 5 Minuten weich kochen.

2. Knäckebrot mit Paprika-Aufstrich bestreichen. Kerbel waschen, grob hacken und darauf geben. Mit gewaschenen und in Scheiben geschnittenen Tomaten verzieren.

3. Quark mit den zerdrückten Himbeeren verrühren und mit Süßkraft abschmecken. Mit Zitronenmelisse verzieren.

► **Pro Portion**

1271/303 kJ/kcal • 26,9 g Eiweiß
11,5 g Fett • 17 g Kohlenhydrate
6,6 g Ballaststoffe • 1,4 BE

TIP

Den Kerbel können Sie auch durch Sprossen ersetzen: Radieschen-, Hirse-, Alfalfa-, Weizensprossen und andere. Sprossen sind ideale »Vitalstoffspritzen«.

Snacks für zwischendurch

Scampi in Gelee

Für 1 Portion

- 1 Blatt weiße Gelatine
- 1/8 l Fischfond, Zitronensaft
- Schneekoppe Meersalz
- 3 gekochte Scampi
- 1 Zweig Dill, 15 g Linsensprossen
- 2 Blätter Batavia-Salat
- 20 g Schmand
- 1/4 TL Schneekoppe Obstessig
- Pfeffer, Schneekoppe Süßkraft
- 15 g Forellenkaviar

Zubereitungszeit 200 Minuten
Arbeitszeit 20 Minuten

❶ Gelatine in kaltem Wasser einweichen. Fischfond erhitzen, Gelatine darin auflösen. Mit Salz und Zitrone würzen.

❷ Scampi und Dill waschen. Etwas Gelatineflüssigkeit in ein Förmchen gießen und fest werden lassen. Scampi und Dill darauf geben und mit der übrigen Flüssigkeit auffüllen. 3 Stunden kalt stellen.

❸ Sprossen abspülen, Salat waschen und auf einem Teller arrangieren. Scampi-Gelee darauf stürzen.

❹ Schmand mit Obstessig, Meersalz, Pfeffer und Süßkraft verrühren und die Hälfte des Kaviars unterheben. Auf das Gelee häufen und den übrigen Kaviar darauf geben.

► **Pro Portion**
1061/256 kJ/kcal • 23,9 g Eiweiß
13,4 g Fett • 5,4 g Kohlenhydrate
0,9 g Ballaststoffe • 0,5 BE

Reissalat

Für 1 Portion

- 30 g Reis, Schneekoppe Meersalz
- 50 g Schweinefilet oder - lende
- 1/2 Karotte
- 2 EL tiefgefrorene Erbsen
- 2 EL Magerjoghurt
- 2 TL Schneekoppe Distelöl
- 1/2 TL Tomatenmark, Pfeffer

Zubereitungszeit 30 Minuten

❶ Den Reis in kochendem Wasser mit Meersalz 20 Minuten garen.

❷ Fleisch in einer beschichteten Pfanne 5 Minuten braten. Karotte würfeln. Mit den Erbsen in wenig Salzwasser 10 Minuten garen.

❸ Aus Joghurt, Distelöl, Tomatenmark, Salz und Pfeffer eine Salatsauce rühren und unter die Salatzutaten heben. Den Salat vor dem Servieren mindestens 1/2 Stunde durchziehen lassen.

► **Pro Portion**
1483/354 kJ/kcal • 20,1 g Eiweiß
16,3 g Fett • 31,2 g Kohlenhydrate
3,5 g Ballaststoffe • 3,5 BE

TIP

Linsensprossen können Sie ganz leicht selbst ziehen: Linsen waschen, in ein Keimgefäß oder Konfitürenglas geben. Das Glas mit Mull abdecken. Wenn Sie die Linsen täglich ein- bis zweimal durchspülen, haben Sie in drei Tagen zarte Linsensprossen.

Champignonspieße

Für 1 Portion

- 100 g Champignons
- 1 EL Schneekoppe Sonnenblumenöl
- Schneekoppe Meersalz
- Pfeffer, Paprikapulver
- 30 g Schneekoppe Pikanter Aufstrich Tsatsiki-Geschmack
- 1 TL Tomatenmark

Zubereitungszeit 15 Minuten

Am besten verwenden Sie in der Küche zwei Öle abwechselnd: eines mit hohem Anteil an wertvoller Ölsäure (wie Olivenöl oder Rapsöl) und eines mit vielen mehrfach ungesättigten Fettsäuren (wie Distelöl, Leinöl, Sonnenblumenöl).

❶ Champignons waschen, putzen und auf Spieße stecken. Mit Sonnenblumenöl bestreichen und unter einem vorgeheizten Grill 2–3 Minuten grillen.

❷ Champignons mit Meersalz, Pfeffer und Paprika würzen. Pikanten Aufstrich mit Tomatenmark verrühren und dazu reichen.

► Pro Portion

739/178 kJ/kcal • 3,5 g Eiweiß
16,7 g Fett • 2,8 g Kohlenhydrate
2,7 g Ballaststoffe
0,2 BE

Paprika-Rührei auf Toast

Für 1 Portion

- 1/2 rote Paprikaschote
- 2 Eier
- Schneekoppe Meersalz
- Pfeffer
- 1 TL Schneekoppe Distelöl
- 1 Scheibe Toastbrot (25 g)

Zubereitungszeit 15 Minuten

❶ Die Paprikaschote waschen, sorgfältig von den weißen Trennwänden und den Kernen befreien und fein würfeln.

❷ Die Eier mit 6 Eßlöffeln Wasser, Meersalz und Pfeffer verquirlen.

❸ Das Distelöl in einer beschichteten Pfanne erhitzen. Die Paprikawürfelchen kurz andünsten, die Eimasse darauf geben und bei milder Hitze stocken lassen.

❹ Das Paprika-Rührei auf geröstetem Toastbrot dekorativ anrichten.

► Pro Portion

1441/344 kJ/kcal • 18,9 g Eiweiß
19,5 g Fett • 18,1 g Kohlenhydrate
2,7 g Ballaststoffe • 1,5 BE

Sellerie-Puten-Salat

Für 1 Portion

- 100 g Staudensellerie
- 20 g Putenbrust-Aufschnitt
- 2 Kirschtomaten
- 1/2 Bund Schnittlauch
- 15 g Schneekoppe Pikanter Aufstrich Paprika
- 1 EL Magermilchjoghurt
- Schneekoppe Meersalz
- Pfeffer

Zubereitungszeit 10 Minuten

❶ Staudensellerie waschen, putzen (bei den äußeren Stängeln eventuell die Fäden abziehen) und in feine Scheiben schneiden. Putenbrust in Streifen schneiden. Kirschtomaten waschen und vierteln. Schnittlauch waschen und in feine Röllchen schneiden.

❷ Den Paprika-Aufstrich mit Joghurt verrühren und mit Meersalz und Pfeffer pikant abschmecken.

❸ Die Paprika-Joghurt-Sauce mit den Schnittlauchröllchen unter die vorbereiteten Salatzutaten heben.

► **Pro Portion**

288/69 kJ/kcal • 4 g Eiweiß
3,6 g Fett • 4,2 g Kohlenhydrate
2,3 g Ballaststoffe
0,4 BE

TIP

Probieren Sie auch einmal folgende köstliche Salatvarianten: Bereiten Sie diesen Salat mit Chicorée, ganz kurz blanchierten Brokkoliröschen oder knackigem Fenchel anstelle von Staudensellerie zu.

Wenn Sie bei den pikanten Snack-Rezepten jeweils die Zutatenmenge verdoppeln, haben Sie ein kleines Abendessen.

Die asiatische Küche, aus der unser Rezept für Knusper-Wan-tans stammt, ist ideal für Diabetiker: Sie verwendet fast ausschließlich frische Zutaten, die nur kurz gegart werden und so ihre wertvollen Inhaltsstoffe bewahren, darunter viel Fisch und Geflügel, kaum fettes Fleisch. Und anstelle von zuckerhaltigen Süßspeisen bedient man sich der üppigen exotischen Früchte als Leckerei.

Knusper-Wan-tans

Für 4 Portionen

12 tiefgekühlte Wan-tan-Teigblätter
125 g Hähnchenbrustfilet
2 Eiweiß
1 Stück frischer Ingwer (ca. 2 cm)
3 EL Sahne
Schneekoppe Meersalz, Pfeffer
1 EL Schneekoppe Distelöl
200 ml Schneekoppe Rote-Bete-Saft
1 EL Speisestärke
1-2 TL geriebener Meerrettich
Sojasauce
Schneekoppe Süßkraft flüssig

Zubereitungszeit 20 Minuten

❶ Teigblätter auftauen lassen. Fleisch klein schneiden und mit 1 Eiweiß im Blitzhacker pürieren.

❷ Ingwer schälen und reiben. Mit der Sahne unter das Fleisch ziehen. Mit Meersalz und Pfeffer würzen. Kleine Häufchen der Fleischmasse in die Mitte der Teigblätter geben, Ränder mit übrigem Eiweiß bestreichen und den Teig diagonal zu Dreiecken zusammenklappen, Ränder andrücken. Distelöl erhitzen und die Wan-tans von beiden Seiten 4 Minuten knusprig braten.

❸ Rote-Bete-Saft erhitzen. Speisestärke mit etwas Wasser verrühren und den Saft damit binden. Mit Meerrettich, Sojasauce und Süßkraft würzen und als Dip zu den Knusper-Wan-tans reichen.

► Pro Portion

838/200 kJ/kcal • 11 g Eiweiß
10,8 g Fett • 11,8 g Kohlenhydrate
2g Ballaststoffe • 1 BE

Ob zu Hause oder im Büro – der pikante Reis-Snack ist überall schnell zubereitet (Seite 39).

Pikante Reis-Snacks

Für 1 Portion

50 g Magerquark
Schneekoppe Meersalz
Pfeffer, Paprikapulver
2 Scheiben Schneekoppe Reis-Mais-Snack, 1 Ei
1/4 Bund Schnittlauch
1 Tomate, 2 Salatblätter

Zubereitungszeit 20 Minuten

❶ Quark mit Meersalz, Pfeffer und Paprika verrühren. Auf einen der Reis-Mais-Snacks geben und mit Schnittlauchröllchen bestreuen.

❷ Ei hart kochen, abschrecken, pellen. Tomate und Ei in Scheiben schneiden. Salat auf dem zweiten Snack anrichten. Mit Ei- und Tomatenscheiben garnieren.

► Pro Portion

873/208 kJ/kcal • 16,6 g Eiweiß
7,5 g Fett • 15,4 g Kohlenhydrate
3,1 g Ballaststoffe • 1,3 BE

Chicorée, den auch Diabetiker uneingeschränkt genießen dürfen, ist ein typisches Wintergemüse, das unter anderem durch seinen hohen Anteil an Ballaststoffen hilft, den Körper zu entgiften: Er bindet im Darm fettreiche Substanzen wie Gallensäuren, Cholesterin und Phospholipoide und senkt dadurch den Cholesterin- und Fettstoffspiegel.

Kresse-Frischkäse

Für 1 Portion

- 50 g körniger Frischkäse
- 20 g Schneekoppe Pikanter Aufstrich Gewürzgurke
- 1/2 Beet Kresse
- Schneekoppe Meersalz
- frisch gemahlener Pfeffer
- 3 Chicoréeblätter
- 2 Scheiben Knäckebrot

Zubereitungszeit 5 Minuten

1. Frischkäse, Gewürzgurken-Aufstrich und gewaschene Kresse verrühren. Mit Meersalz und Pfeffer pikant abschmecken.

2. In die Chicoréeblätter füllen und zu Knäckebrot reichen.

Pro Portion

673/161 kJ/kcal • 11 g Eiweiß
5,2 g Fett • 15,2 g Kohlenhydrate
4,9 g Ballaststoffe • 1,3 BE

Käsestangen

Für 35 Stück

- 25 g Hefe
- 350 g Mehl
- 1 TL Schneekoppe Meersalz
- 50 ml Schneekoppe Distelöl
- 100 g Emmentaler (45 % Fett i.Tr.)
- 2 Eigelbe
- 15 g Schneekoppe Leinsamen (ganz)

Zubereitungszeit 45 Minuten

1. Hefe zerbröckeln und mit 150 Milliliter lauwarmem Wasser so lange verrühren, bis sich alle Klümpchen gelöst haben.

2. Die aufgelöste Hefe mit Mehl, Meersalz und Distelöl zu einem glatten Teig verkneten und gehen lassen, bis sich das Volumen verdoppelt hat.

3. Käse fein reiben. Eigelbe mit 2 Esslöffeln Wasser verrühren.

4. Teig etwa 4 Millimeter dick zu einem Rechteck ausrollen und in zwei Hälften schneiden. Eine Hälfte mit etwas Eigelb bestreichen und den geriebenen Käse darauf streuen.

5. Andere Teighälfte darauf legen und erneut

4 Millimeter dick ausrollen. In 2,5 Zentimeter breite und 15 Zentimeter lange Streifen schneiden.

❻ Mit übrigem Eigelb bestreichen, mit Leinsamen bestreuen und die Streifen einmal um die eigene Achse drehen.

❼ Die Käsestangen auf ein mit Backpapier ausgelegtes Blech legen und im vorgeheizten Backofen bei 225 °C (Umluft 205 °C, Gas Stufe 4) 15–20 Minuten backen.

► **Pro Stück**
283/68 kJ/kcal • 2,2 g Eiweiß
2,9 g Fett • 7,4 g Kohlenhydrate
0,4 g Ballaststoffe • 0,6 BE

Tomaten-Quark-Snack

Für 1 Portion
30 g Magerquark
Schneekoppe Meersalz
frisch gemahlener Pfeffer
3 g Schneekoppe Distelöl (1 knapper TL)
1 Tomate
1/4 Bund Schnittlauch
1 Schneekoppe 4-Korn-Snack

Zubereitungszeit 15 Minuten

❶ Magerquark mit Meersalz, Pfeffer und Distelöl verrühren.

❷ Tomate waschen und in Scheiben schneiden. Schnittlauch waschen und in feine Röllchen schneiden.

❸ 4-Korn-Snack mit Quark bestreichen, mit Tomate belegen und die Schnittlauchröllchen darüber streuen.

► **Pro Portion**
367/88 kJ/kcal • 5,4 g Eiweiß
3,4 g Fett • 7,8 g Kohlenhydrate
2,1 g Ballaststoffe • 0,7 BE

TIP

Schnittlauch und andere frische Kräuter halten sich gut verpackt im Gemüsefach des Kühlschranks bis zu drei Tage.

Chilischoten geben den Speisen nicht nur ihren typischen scharfen Geschmack, sondern reichern sie auch mit wertvollen Inhaltsstoffen an: Bis heute wissen die Forscher zwar nicht, welcher Stoff in der Chili den körpereigenen Abbau von Gerinnungsstoffen fördert, doch es ist erwiesen, dass Menschen mit hohem Chilikonsum kaum an Erkrankungen der Blutgefäße wie Krampfadern und Arteriosklerose leiden.

Scharfe Karotten

Für 1 Portion

- 150 g Karotten
- 1/2 Zwiebel, 1/2 Chilischote
- 1/2 EL Schneekoppe Sonnenblumenöl
- 1 TL Sonnenblumenkerne
- Schneekoppe Meersalz
- einige Stängel Petersilie
- 1 Scheibe Baguette (15 g)

Zubereitungszeit 15 Minuten

1. Karotten schälen und in Scheiben schneiden. Zwiebel abziehen und würfeln. Chilischote hacken.

2. Öl erhitzen, Karotte, Sonnenblumenkerne und Chili darin andünsten. Salzen und 5 Minuten schmoren.

3. Mit gehackter Petersilie bestreuen und mit Baguette servieren.

► **Pro Portion**

783/188 kJ/kcal • 3,9 g Eiweiß
11,5 g Fett • 16 g Kohlenhydrate
5,6 g Ballaststoffe • 1,3 BE

Schinken-Melone

Scharfe Karotten mit Kernen und Kräutern – zu jeder Jahreszeit ein willkommener Vitaminstoß (Seite 43)!

Für 1 Portion

- 150 g Galia-Melone
- 20 g Lachsschinken ohne Fettrand

Zubereitungszeit 5 Minuten

Melone schälen und würfeln. Schinken in Streifen schneiden und beides mischen.

► **Pro Portion**

265/63 kJ/kcal • 4,9 g Eiweiß
1,4 g Fett • 6,6 g Kohlenhydrate
0,9 g Ballaststoffe • 0,5 BE

Chicoréesalat mit Orangen

Für 1 Portion

- 150 g Chicoreé
- 1/2 Orange
- 2 EL Magerjoghurt
- 1 EL Schneekoppe Obstessig
- Schneekoppe Süßkraft flüssig
- 1 TL Senf, Schneekoppe Meersalz

Zubereitungszeit 10 Minuten

1. Chicorée waschen und in Streifen schneiden. Orange schälen, in Stücke schneiden und mit den Chicoréestreifen mischen.

2. Den Joghurt mit Obstessig, Süßkraft und Senf zu einer Salatsauce verrühren und mit Meersalz abschmecken. Sauce unter die Salatzutaten ziehen.

► **Pro Portion**

339/81 kJ/kcal • 4,4 g Eiweiß
0,6 g Fett • 11,1 g Kohlenhydrate
3,2 g Ballaststoffe • 0,9 BE

Mettbällchen

Für 1 Portion

- 20 g Gouda (30 % Fett i.Tr.)
- 2 Stängel Dill
- 100 g Mett (gewürzt)
- 1 EL Schneekoppe Weizenkleie
- 1 TL Schneekoppe Sonnenblumenöl
- 1 EL Tomatenketchup
- 1 TL Schneekoppe Pikanter Aufstrich Paprika
- 1 Scheibe Toastbrot (25 g)

Zubereitungszeit 15 Minuten

❶ Käse würfeln. Dill waschen und fein hacken. Mett mit Dill und Weizenkleie verkneten und nussgroße Bällchen daraus formen.

❷ Käsewürfel in die Mitte der Bällchen drücken. Öl in einer beschichteten Pfanne erhitzen und die Mettbällchen darin rundherum 5 Minuten braten.

❸ Ketchup und Paprika-Aufstrich gleichmäßig verrühren. Toast goldgelb rösten. Mettbällchen mit der Sauce und dem Toast anrichten.

► **Pro Portion**
1558/373kJ/kcal • 29,2 g Eiweiß
17,7g Fett • 18,7g Kohlenhydrate
3,5 g Ballaststoffe • 1,6 BE

TIP

Die Mettbällchen lassen sich hervorragend am Vorabend zubereiten und am nächsten Tag ins Büro mitnehmen!

Lachstatar

Für 1 Portion

- 1 Blatt weiße Gelatine
- 100 ml Schneekoppe Rote-Bete-Saft
- 1/2 TL Schneekoppe Obstessig
- Schneekoppe Meersalz
- 50 g frischer Lachs, 1 Schalotte
- 1/2 TL Schneekoppe Distelöl
- Zitronenpfeffer
- 3-4 Zweige Kerbel
- 4 Gurkenscheiben

Zubereitungszeit 75 Minuten

❶ Gelatine in kaltem Wasser einweichen. Rote-Bete-Saft erhitzen, ausgedrückte Gelatine darin auflösen. Mit Obstessig und Meersalz würzen. In ein Förmchen füllen, kalt stellen und fest werden lassen.

❷ Lachs waschen, trockentupfen und 15 Minuten ins Gefrierfach geben. Schalotte und den leicht angefrorenen Lachs fein würfeln.

❸ Schalotten- und Lachswürfel mit Distelöl verrühren. Mit Meersalz und Zitronenpfeffer würzen.

❹ Kerbel waschen, die Hälfte davon fein hacken und unter das Lachstatar heben. Tatar auf Gurkenscheiben geben und mit dem übrigen Kerbel garnieren.

❺ Rote-Bete-Gelee stürzen und dazu servieren.

► **Pro Portion**
847/203 kJ/kcal • 12,9 g Eiweiß
10 g Fett • 11,5 g Kohlenhydrate
4,5 g Ballaststoffe • 1 BE

Artischocke mit Dip

Für 1 Portion

1 Artischocke (350 g)
Schneekoppe Obstessig
Schneekoppe Meersalz
1 TL Mayonnaise (50 % Fett)
1 EL Vollmilchjoghurt
1-2 Knoblauchzehen

Zubereitungszeit 50 Minuten

❶ Die Artischocke gründlich waschen. Den Stiel direkt am Ansatz glatt abschneiden, die Spitzen der Blätter mit der Schere etwas einkürzen.

❷ Reichlich Wasser mit einem Schuss Obstessig und etwas Meersalz zum Kochen bringen und die Artischocke darin etwa 45–60 Minuten garen. Die Artischocke ist gar, wenn sich die äußeren Blätter leicht ablösen lassen.

❸ Mayonnaise und Joghurt verrühren. Knoblauch abziehen und durch die Presse drücken. Unter die Mayonnaisemischung rühren und mit Meersalz würzen.

❹ Den Dip in einem kleinen Portionsschälchen zur Artischocke servieren.

► **Pro Portion**
441/105 kJ/kcal • 4,6 g Eiweiß
2 g Fett • 16 g Kohlenhydrate
6,3 g Ballaststoffe • 1,3 BE

Die Artischocke wird zunächst mit den Fingern gegessen: Man löst, am Stängelansatz beginnend, die Blätter einzeln von der Artischocke, tunkt den Blattansatz in den Dip und zieht mit den Zähnen das zarte Fleisch ab. Hat man sich bis zum Boden vorgearbeitet, wird mit Messer und Gabel das sogenannte »Heu« entfernt, dann verzehrt man den zarten Boden der Artischocke.

TIP

Ebenfalls köstlich schmeckt eine Crêpefüllung mit Himbeeren, Heidelbeeren oder – wer es exotisch liebt – mit Mango oder Kiwi.

Erdbeercrêpe

Für 1 Portion

- 2 TL Schneekoppe Sonnenblumenöl
- 3 EL Magermilch
- 1 Prise Schneekoppe Meersalz
- 1 Eigelb, 1 EL Mehl
- 125 g Erdbeeren
- Schneekoppe Süßkraft flüssig
- 1 TL gehackte Pistazien
- 75 g Magerquark
- 1 TL Schneekoppe Diät-Konfitüre Erdbeere

Zubereitungszeit 40 Minuten

❶ 1 Teelöffel Öl, Milch, Salz, Eigelb und Mehl verrühren, durch ein Sieb streichen und die Masse 20 Minuten quellen lassen.

❷ Erdbeeren waschen, putzen und klein schneiden. Süßen und mit Pistazien bestreuen. Quark mit Konfitüre verrühren.

❸ Mit dem restlichen Öl eine Pfanne ausstreichen, das Öl erhitzen und eine Crêpe backen.

❹ Quarkmischung darauf streichen und Crêpe zusammenklappen. Mit den Erdbeeren anrichten.

▶ Pro Portion
1464/352 kJ/kcal • 17,5 g Eiweiß
18,6 g Fett • 23,6 g Kohlenhydrate
3,3 g Ballaststoffe • 2 BE

It's tea time – Erdbeercrêpes schmecken zur Teestunde unvergleichlich lecker (Seite 47)!

Variante

Birnen-Schoko-Füllung

Für 1 Portion

- 1/2 Birne (am besten Williams Christ)
- 1 TL Zitronensaft
- Schneekoppe Süßkraft flüssig
- 10 g Schneekoppe Diätschokolade Zartbitter
- 1 TL Mandelblättchen

Zubereitungszeit 30 Minuten

❶ Die Birne waschen, schälen, das Kerngehäuse entfernen, die Birne in dünne Spalten schneiden. Wenig Wasser mit Zitronensaft und Süßkraft erhitzen und die Birnenspalten etwa 5 Minuten darin dünsten. Sie sollen nicht zerfallen. Auf einem Sieb abtropfen lassen.

❷ Die Schokolade im Wasserbad schmelzen lassen. Die Mandelblättchen in einer trockenen Pfanne goldgelb rösten.

❸ Die fertige Crêpe mit der Schokolade bestreichen, mit Birnenspalten belegen und mit Mandelblättchen bestreuen. Die Crêpe zusammenklappen und servieren.

▶ Pro Portion
475/144 kJ/kcal • 2,4 g Eiweiß
3,9 g Fett • 16,0 g Kohlenhydrate
3,2 g Ballaststoffe • 1,3 BE

Leinsamenplätzchen

Für 35 Stück
250 g Mehl
3 EL Schneekoppe Leinsamen geschrotet
2 EL Schneekoppe Diät-Sirup
1 Ei
8 EL Schneekoppe Speise-Leinöl
50 g Schneekoppe Diät-Schokolade Zartbitter

Wer keine Zeit hat, sich eine Kleinigkeit zuzubereiten: Kekse, Müsli-Riegel oder einfach ein Stück Zwieback mit Butter tun es auch. Achten Sie aber auf die Nährwertangaben auf den Packungen.

Zubereitungszeit 60 Minuten

❶ Mehl, Leinsamen, Sirup, Ei, Öl und 5 Esslöffel Wasser zu einem glatten Teig verkneten. In Folie wickeln und 30 Minuten kalt stellen.

❷ Teig zwischen Klarsichtfolie legen und 5 Millimeter dick ausrollen. Folien abziehen und Plätzchen von 4,5 Zentimeter Durchmesser ausstechen. Die Plätzchen auf ein mit Backpapier ausgelegtes Blech geben.

❸ Im vorgeheizten Backofen bei 200 °C (Umluft 180 °C, Gas Stufe 3) etwa 15 Minuten backen.

❹ Plätzchen noch heiß sorgfältig vom Papier lösen und zum Auskühlen auf ein Kuchengitter legen.

❺ Zartbitterschokolade zerkleinern und im heißen Wasserbad schmelzen lassen. Aus Pergamentpapier eine kleine Tüte drehen und die Schokolade einfüllen.

❻ Von der Tüte die Spitze abschneiden und die Plätzchen mit Schokoladenguss verzieren. Wenn der Guss getrocknet ist, die Plätzchen in einer Blechdose aufbewahren.

► **Pro Stück**
282/68 kJ/kcal • 1,3 g Eiweiß
3,8 g Fett • 6,9 g Kohlenhydrate
0,6 g Ballaststoffe • 0,6 BE

Nougat-Zwieback

Für 1 Portion

1 TL Sonnenblumenkerne
1 Aprikose
2 Stück Schneekoppe Zwieback
5 g Butter
20 g Schneekoppe Diät-Nuss-Nougat-Creme

Zubereitungszeit 10 Minuten

❶ Sonnenblumenkerne in einer trockenen Pfanne bei milder Hitze goldgelb rösten.

❷ Aprikose waschen, halbieren, Stein entfernen und die Hälften in Spalten schneiden.

❸ Zwieback mit Butter und Nuss-Nougat-Creme bestreichen, mit Aprikosenspalten belegen und die gerösteten Sonnenblumenkerne darüber streuen.

► **Pro Portion**

894/213 kJ/kcal • 3,1 g Eiweiß
13,7 g Fett • 19,1 g Kohlenhydrate
2 g Ballaststoffe • 1,6 BE

Müslikugeln

Für 30 Stück

200 g getrocknete Aprikosen
75 g Butter
1 Ei
2 EL Schneekoppe Diät-Sirup
150 g Schneekoppe 10-Früchte-10-Vitamine-Vollkorn-Müesli
50 g gehackte Mandeln

Zubereitungszeit 60 Minuten

❶ Die getrockneten Aprikosen im Blitzhacker pürieren.

❷ Butter, Ei und Sirup schaumig rühren und das Müsli unterheben. 20 Minuten ruhen lassen.

❸ Aprikosen und Mandeln unter die Müslimasse kneten und 30 kleine Kugeln daraus formen.

❹ Auf ein mit Backpapier ausgelegtes Blech setzen und im vorgeheizten Backofen bei 200 °C (Umluft 180 °C, Gas Stufe 3) etwa 30–40 Minuten backen.

► **Pro Stück**

298/71 kJ/kcal • 1,5 g Eiweiß
3,4 g Fett • 8 g Kohlenhydrate
1,4 g Ballaststoffe • 0,6 BE

TIP

Fruchtige Pralinen: Schmelzen Sie im heißen Wasserbad Diabetiker-Schokolade, und tauchen Sie Erdbeeren bis zum Stielansatz hinein. Auf einem Gitter trocknen lassen.

TIP

So sind die Windbeutel aus der Hand zu essen: Spritzen Sie auf das Blech nur etwa walnussgroße Häufchen. Nach dem Auskühlen mit einem Fruchtquark füllen.

Beeren-Windbeutel

Für 8 Stück

- 50 ml Schneekoppe Sonnenblumenöl, 1 Prise Salz
- 150 g Mehl, 4 Eier
- 400 g gemischte Beeren
- 500 g körniger Frischkäse
- Schneekoppe Süßkraft flüssig

Zubereitungszeit 45 Minuten

❶ 1/4 Liter Wasser, Öl und Salz zum Kochen bringen. Mehl hineingeben und rühren, bis sich die Masse als Kloß vom Topfboden löst.

❷ Topf vom Herd nehmen und nach und nach die Eier unterrühren. Teig in einen Spritzbeutel mit Sterntülle füllen und auf ein mit Backpapier ausgelegtes Blech acht Rosetten spritzen.

❸ Im vorgeheizten Backofen bei 225 °C (Umluft 205 °C, Gas Stufe 4) 30 Minuten backen. Sofort durchschneiden und auskühlen lassen.

❹ Beeren waschen, mit Frischkäse und Süßkraft verrühren und in die Windbeutel füllen.

► Pro Stück
998/239 kJ/kcal • 15 g Eiweiß
10,1 g Fett • 18,4 g Kohlenhydrate
1,5 g Ballaststoffe • 1,5 BE

Fruchtige Sommerüberraschung – die Beeren-Windbeutel sind bei Groß und Klein heiß begehrt (Seite 51).

Variante

Beeren-Torteletts

Für 8 Stück

- 125 g Mehl (Type 1050)
- 1/4 TL Backpulver
- 25 g Schneekoppe Fruchtzucker
- Schneekoppe Süßkraft flüssig
- Schneekoppe Meersalz
- 1 Ei, 45 g Butter

Zubereitungszeit 100 Minuten
Arbeitszeit 20 Minuten

❶ Das Mehl mit dem Backpulver auf ein Brett sieben. Mit Fruchtzucker, 1 Spritzer Süßkraft, 1 Prise Salz, Ei und Butterflöckchen rasch zu einem glatten Teig verkneten. In Folie wickeln und etwa 1 Stunde in den Kühlschrank stellen.

❷ Den Teig in 8 Tortelett-Förmchen drücken, überstehende Ränder abschneiden. Im vorgeheizten Backofen bei 170 °C (Umluft 150 °C, Gas Stufe 2) 10 Minuten backen. Vor dem Erkalten die Torteletts vorsichtig aus den Formen nehmen.

❸ Die erkalteten Torteletts füllen (siehe Beeren-Windbeutel).

► Pro Stück
801/191 kJ/kcal • 11,6 g Eiweiß
6,9 g Fett • 18,8 g Kohlenhydrate
3,3 g Ballaststoffe • 1,6 BE

Honig-Knäcke mit Sanddornmilch

Für 1 Portion

200 ml Magermilch
1 TL Schneekoppe Sanddorn-Wildfrucht-Orangen-Zubereitung
1 Scheibe Sesam-Knäckebrot
30 g körniger Frischkäse
1 TL Schneekoppe Extra-Auslese-Honig

Zubereitungszeit 5 Minuten

Milch, Joghurt und andere Milchprodukte enthalten neben den Kohlenhydraten auch Eiweiß und Fett. Wer auf sein Gewicht achten muss, sollte fettarme Sorten bevorzugen.

❶ Milch und Sanddorn-Wildfrucht-Orangen-Zubereitung gründlich verrühren.

❷ Knäckebrot mit Frischkäse und Honig bestreichen. Die Sanddornmilch dazu reichen.

► **Pro Portion**
905/215 kJ/kcal • 12,3 g Eiweiß
4,3 g Fett • 29,4 g Kohlenhydrate
1,9 g Ballaststoffe • 2,5 BE

Gefüllte Kekse

Für 1 Portion

20 g Schneekoppe Diät-Schokolade Vollmilch
1 TL gehackte Mandeln
4 Stück Schneekoppe Diät-Mürbekeks

Zubereitungszeit 10 Minuten

❶ Die Vollmilchschokolade im heißen Wasserbad schmelzen und die Mandeln unterrühren. Etwas abkühlen lassen.

❷ Zwei Kekse auf der Unterseite mit der Mandel-Schokoladen-Masse bestreichen und die beiden verbliebenen Kekse ebenfalls mit der Unterseite dagegendrücken.

► **Pro Portion**
1002/239 kJ/kcal • 4,9 g Eiweiß
12,7 g Fett • 26 g Kohlenhydrate
3,5 g Ballaststoffe • 3 BE

Mohnschlupfer

Für 6 Portionen

4 Blatt weiße Gelatine
1/2 l Vollmilch
4 EL Schneekoppe Diabetiker-Süße
200 g gemahlener Mohn
40 g gehackte Mandeln
40 g Rosinen
2 EL Rum
12 Scheiben Schneekoppe Zwieback

Zubereitungszeit 2,5 Stunden
Arbeitszeit 30 Minuten

❶ Gelatine in kaltem Wasser etwa 10 Minuten einweichen.

❷ Die Hälfte der Milch mit Diabetiker-Süße und gemahlenem Mohn aufkochen und 10 Minuten quellen lassen. Eingeweichte Gelatine ausdrücken und unter den heißen Mohn rühren.

❸ Mandeln, Rosinen und Rum zufügen. Zwiebäcke unter einem vorgeheizten Grill etwa 3 Minuten bräunen. Restliche Milch über die Zwiebäcke träufeln.

❹ Mohnmasse und Zwieback abwechselnd in eine Glasschüssel schichten. Die letzte Schicht besteht aus Mohn.

❺ Mindestens 2 Stunden lang im Kühlschrank durchziehen lassen.

► **Pro Portion**
1575/375 kJ/kcal
12 g Eiweiß
21,5 g Fett
32,2 g Kohlenhydrate
4,6 g Ballaststoffe
2,7 BE

TIP

Das Rezept für diesen leckeren Schichtkuchen stammt aus der Gegend von Neiße und Oder. Dort wird er vielfach auch mit gerösteten Weißbrotscheiben zubereitet und mit geschlagener Sahne serviert.

Mittags herzhaft speisen

Sesambällchen mit Gemüse

Für 1 Portion

175 g Hähnchenbrustfilet
1 Eiweiß
Schneekoppe Meersalz, Pfeffer
Paprikapulver
175 g Kartoffeln
150 g grüner Spargel
100 g Shiitakepilze
2 EL Sesamsamen
1 EL Schneekoppe Sonnenblumenöl
100 ml Schneekoppe Möhrensaft
1/4 Bund Schnittlauch

Zubereitungszeit 45 Minuten

❶ Hähnchenbrustfilet mit dem Eiweiß pürieren. Mit Meersalz, Pfeffer und Paprika würzen. Kalt stellen.

❷ Kartoffeln schälen, vierteln und im kochenden Salzwasser garen. Spargel waschen und in Stücke schneiden. Pilze trocken abreiben und halbieren.

❸ Aus der Fleischfarce Bällchen formen, in Sesam wälzen und im heißen Öl rundherum anbraten. Spargel und Pilze zufügen, mit 50 Milliliter Wasser ablöschen und zugedeckt 10 Minuten schmoren. Mit Meersalz und Pfeffer würzen.

❹ Kartoffeln abgießen und mit Sesambällchen und Gemüse anrichten. Möhrensaft mit Schnittlauch verrühren und als Aperitif reichen.

► Pro Portion
2884/688 kJ/kcal • 57,2 g Eiweiß
25,9 g Fett • 46,2 g Kohlenhydrate
13,1 g Ballaststoffe • 3,9 BE

Chop Suey

Für 1 Portion

100 g Schweinefilet oder -lende
1 kleine Zwiebel, 3 Champignons
50 g Sellerie, 1 rote Paprikaschote
60 g Sojasprossen
Schneekoppe Meersalz, Pfeffer
1 EL Sojasauce
1 TL Schneekoppe Sonnenblumenöl

Zubereitungszeit 40 Minuten

❶ Fleisch in Streifen schneiden. Gemüse waschen und in Stücke schneiden.

❷ Mit dem Fleisch in eine Schüssel geben und mit Salz, Pfeffer und Sojasauce würzen.

❸ Das Öl erhitzen und die Fleisch-Gemüse-Mischung unter Rühren 15–20 Minuten braten.

► Pro Portion
1435/343 kJ/kcal • 34,4 g Eiweiß
18,6 g Fett • 9,2 g Kohlenhydrate
7,7 g Ballaststoffe • 0,8 BE

Shiitakepilze werden im Fernen Osten in großen Mengen konsumiert, bei uns steht dieser Zuchtpilz erst ganz am Anfang seiner Karriere. Dabei enthält er gleich dreifach wirksame Inhaltsstoffe – und ganz nebenbei ist er, wie alle Zuchtpilze, garantiert strahlenfrei: Er senkt den Cholesterinspiegel und verhindert Thrombosebildung, er stärkt die körpereigene Abwehr, und schließlich scheint er sogar das Zellwachstum von Krebstumoren zu hemmen.

Schinken in Salzteig

Für 10 Portionen
Teig:
600 g Schneekoppe Meersalz
630 g Mehl
3 Eier
Füllung:
2 kg gepökelter Schinken ohne Schwarte
frisch gemahlener Pfeffer
12 Gewürznelken
1 Zweig Rosmarin
Chutney:
300 g Aprikosen
2 Zwiebeln
2 Chilischoten
1 Stück frischer Ingwer (ca. 2 cm lang)
75 g Schneekoppe Diabetiker-Süße
1 TL Senfkörner
je 1 Prise Zimt und Nelken
1 Döschen Safranfäden oder 1 kleiner Beutel gemahlener Safran
100 ml Schneekoppe Möhrensaft
50 ml Schneekoppe Obstessig

Zubereitungszeit 145 Minuten

TIP

Laden Sie doch einmal Gäste zum Sonntagsbrunch. Ideal ist dafür der Schinken in Salzteig mit Aprikosen-Chutney und einem leckeren Spargelsalat. Es lässt sich alles gut vorbereiten, und Sie können sich stressfrei Ihren Gästen widmen.

❶ Salz, 600 Gramm Mehl, Eier und 225 Milliliter Wasser verkneten, in Folie wickeln, 1 Stunde kalt stellen.

❷ Schinken waschen, trockentupfen und mit Pfeffer einreiben. Einschneiden und Nelken hineinstecken. Rosmarinnadeln auf den Schinken legen.

❸ Salzteig auf einer bemehlten Fläche ausrollen und den Schinken damit umhüllen. Ränder fest andrücken. Im vorgeheizten Backofen bei 200 °C (Umluft 180 °C, Gas Stufe 3) 2 Stunden garen.

❹ Aprikosen entsteinen und klein schneiden. Zwiebeln abziehen und würfeln. Chilischoten entkernen und in Ringe schneiden.

❺ Ingwer schälen und raspeln. Aprikosen, Zwiebeln und Chili mit Diabetiker-Süße, Gewürzen, Möhrensaft und Obstessig unter ständigem Rühren in 30 Minuten zu Mus kochen. Erkaltet zum Schinken reichen.

► **Pro Portion**
1461/349 kJ/kcal • 40,9 g Eiweiß
13,4 g Fett • 11,4 g Kohlenhydrate
1 g Ballaststoffe • 1 BE

Spargelsalat

Für 4 Portionen

- je 250 g weißer und grüner Spargel
- Schneekoppe Meersalz
- 100 g Zuckerschoten
- 125 g Kirschtomaten
- 100 g Rauke
- 3 EL Schneekoppe Obstessig
- 3 EL Schneekoppe Distelöl

Zubereitungszeit 30 Minuten

❶ Spargel dünn schälen, von den holzigen Enden befreien und in Stücke schneiden. Zuckerschoten waschen und putzen.

❷ Spargel in kochendem Salzwasser 5 Minuten garen, Zuckerschoten 1 Minute blanchieren.

❸ Tomaten waschen und halbieren, Rauke waschen und zerpflücken. Obstessig, 3 Esslöffel Wasser und Distelöl verrühren, mit Meersalz würzen und die Sauce über die Salatzutaten geben.

► **Pro Portion**
544/130 kJ/kcal • 4,1 g Eiweiß
9,4 g Fett • 6,1 g Kohlenhydrate
3,3 g Ballaststoffe • 0,5 BE

TIP

Je nach Jahreszeit können Sie auch andere Salatvariationen zu dem Schinken in Salzteig servieren.

So erkennen Sie frischen Spargel: Frische Spargelstangen knirschen, wenn man sie leicht aneinanderreibt. Beim Zusammendrücken der Schnittflächen tritt bei frischem Spargel außerdem Wasser aus.

Roastbeef mit Guacamole

Seit 9000 Jahren wird die Avocado in Mexiko angebaut, bei uns gehört sie immer noch zu den Exoten. Trotz ihres hohen Fettanteils von 30 Prozent zählt sie zu den wertvollsten Obstsorten, die wir kennen: Ihr Fett enthält kein Cholesterin, dafür besitzt sie viele Vitamine und Spurenelemente, unter anderem den höchsten B-Vitamin-Anteil aller Früchte!

Für 4 Portionen

700 g Kartoffeln
5 EL Schneekoppe Sonnenblumenöl
Schneekoppe Meersalz
1-2 Zweige Rosmarin
1-2 Tomaten, 1 Knoblauchzehe
1 große, reife Avocado
1 EL Schneekoppe Obstessig
2 EL Vollmilchjoghurt, Pfeffer
400 g Roastbeef in Scheiben

Zubereitungszeit 40 Minuten

❶ Kartoffeln waschen, einschneiden. Auf ein Backblech legen und mit Öl bestreichen. Mit Salz und Rosmarin bestreuen und im vorgeheizten Backofen bei 200 °C (Umluft 180 °C, Gas Stufe 3) 30–35 Minuten garen.

❷ Tomaten häuten, entkernen, fein würfeln. Knoblauchzehe durch die Presse drücken.

❸ Avocado halbieren, Kern entfernen, Fruchtfleisch mit Obstessig pürieren. Tomatenwürfel, Knoblauch und Joghurt unterziehen, salzen und pfeffern. Roastbeef mit Kartoffeln und Guacamole servieren.

Ideal für Gäste: Roastbeef mit Guacamole lässt sich gut vorbereiten (Seite 59).

► Pro Portion

2196/526 kJ/kcal • 27,3 g Eiweiß
28,4 g Fett • 32,1 g Kohlenhydrate
5,4 g Ballaststoffe • 2,7 BE

Roastbeef

Für 8 Portionen

2 EL Worcestersauce
2 Messerspitzen Cayennepfeffer
6 EL Schneekoppe Sonnenblumenöl
1 1/2 kg Rinderlende

Zubereitungszeit 60 Minuten

❶ Backofen auf 250 °C (Umluft 230 °C, Gas Stufe 4) vorheizen. Worcestersauce mit Cayennepfeffer und Öl verrühren und das Fleisch rundherum damit einreiben.

❷ Fleisch auf den Backofenrost (mittlere Schiene) legen, Fettpfanne auf der unteren Schiene einschieben und 15 Minuten garen lassen. Danach die Hitze auf 200 °C (Umluft 180 °C, Gas Stufe 3) reduzieren und 3 Tassen Wasser auf die Fettpfanne gießen.

❸ Das Fleisch 30–45 Minuten weitergaren lassen. Im ausgeschalteten Backofen noch eine Viertelstunde ziehen lassen. Herausnehmen, abkühlen und über Nacht oder zumindest einige Stunden ruhen lassen.

► Pro Portion

1312/313 kJ/kcal • 39,9 g Eiweiß
16,6 g Fett • 1,0 g Kohlenhydrate
0,2 g Ballaststoffe • 0,1 BE

TIP

Köstlich schmecken die Hähnchenkeulen auch mit Pilzfüllung: Dafür Austernpilze und Zwiebeln schmoren, fein hacken, mit Meersalz, Pfeffer und frischem, gehacktem Estragon würzen und die Keulen damit füllen.

Gefüllte Hähnchenkeulen

Für 4 Portionen

- 75 g rote Linsen
- Schneekoppe Meersalz
- 4 Hähnchenkeulen
- 3 Lauchzwiebeln
- 2 EL Schneekoppe Distelöl
- 300 ml kalter Ceylon-Tee
- 1 Vanillestange
- 2-3 rote Chilischoten
- 1 EL Speisestärke

Zubereitungszeit 80 Minuten

❶ Linsen in kochendem Wasser mit Meersalz etwa 5 Minuten garen.

❷ Hähnchenkeulen waschen, trockentupfen und die Knochen herauslösen.

❸ Lauchzwiebeln waschen und putzen. Eine sehr fein, die übrigen schräg in Ringe schneiden. Die fein geschnittene Zwiebel mit den Linsen mischen.

❹ Die Hähnchenkeulen mit dem Zwiebel-Linsen-Gemisch füllen und die Öffnung zunähen.

❺ Das Distelöl in einer Pfanne erhitzen und die Keulen rundherum anbraten. Lauchzwiebelringe zufügen. Mit Tee ablöschen. Aufgeschlitzte Vanillestange auskratzen, das herausgeschabte Mark mit der Schote und den Chilis zufügen und 30 Minuten schmoren.

❻ Vanillestange und Chilischoten entfernen. Speisestärke mit etwas Wasser verrühren und den Bratenfond damit binden. Die Sauce mit Meersalz würzen.

► **Pro Portion**

1352/322 kJ/kcal • 36,4 g Eiweiß
10,8 g Fett • 13,6 g Kohlenhydrate
2,6 g Ballaststoffe • 1,1 BE

Pute mit Nussreis

Für 4 Portionen

- 750 g Putenbrust
- je 250 g Karotten, Staudensellerie und Fenchel
- 1 EL Senf
- Schneekoppe Meersalz
- Pfeffer aus der Mühle
- 3 EL Schneekoppe Distelöl
- 300 ml Geflügelfond
- 150 g Basmati-Reis
- 30 g Walnusskerne
- 1 EL Mehl
- 1 EL Sahne

Zubereitungszeit 70 Minuten

❶ Das Fleisch waschen, trockentupfen und flach klopfen oder mit dem Handballen flach drücken.

❷ Karotten, Staudensellerie und Fenchel waschen, putzen und in sehr feine (Julienne-)Streifen schneiden.

❸ Putenbrust mit Senf bestreichen und mit Meersalz und Pfeffer kräftig würzen. Die Hälfte der Gemüsestreifen darauf legen. Aufrollen und mit Garn festbinden.

❹ Distelöl erhitzen und den Braten rundherum braun anbraten. Mit dem Geflügelfond ablöschen und zugedeckt 35 Minuten garen.

❺ Basmati-Reis und Walnusskerne in kochendem Salzwasser 12 Minuten garen, dann abseihen. Übrige Gemüsestreifen in wenig Wasser mit Meersalz bei schwacher Hitze 10 Minuten dünsten.

❻ Fleisch auf eine Platte legen und warm stellen. Mehl und Sahne verrühren, in den Bratenfond einrühren und einmal aufkochen lassen. Mit Meersalz und Pfeffer würzen.

❼ Braten mit Sauce, Gemüse und Nussreis servieren.

► Pro Portion
2306/551 kJ/kcal • 53,8 g Eiweiß
15,9 g Fett • 37,9 g Kohlenhydrate
5,4 g Ballaststoffe • 3,2 BE

Die Walnuss, die Frucht des »großen Baums« (wal = groß) enthält sehr leicht verdauliche Zuckerstoffe, die – allerdings in Maßen – auch für Diabetiker erlaubt sind. Zusätzlich liefert sie viel Zink und Kalium (für die Leber, Haut und Haare und den Herzmuskel) und viele weitere Biostoffe. Beim Einkauf darauf achten, dass die Kerne ungeschwefelt sind!

TIP

Die Kräuterrouladen können Sie hervorragend auch mit anderen Fleischsorten zubereiten: Besonders geeignet sind mageres Kalbs- oder Schweineschnitzel. Wenn Sie Hähnchenbrustfilet bevorzugen, schneiden Sie in jedes Filet mit einem scharfen Messer eine Tasche, geben die Füllung hinein und verschließen die Tasche mit Spießchen.

Kräuterrouladen mit Putenfleisch – ein leichtes Mittagessen, das Sie mit unterschiedlichen Gartenkräutern immer wieder variieren können (Seite 63).

Kräuterrouladen

Für 4 Portionen

600 g Kartoffeln
Schneekoppe Meersalz
4 Putenschnitzel (à 175 g)
100 g Champignons, 1 Zwiebel
je 1/4 Bund Dill, Petersilie und Schnittlauch, 2 EL Kräutersenf
3 EL Schneekoppe Sonnenblumenöl
2-3 EL Vollmilch, Muskat

Zubereitungszeit 60 Minuten

1 Kartoffeln schälen, vierteln und in kochendem Salzwasser 20 Minuten garen. Schnitzel waschen, trockentupfen und flach klopfen. Champignons waschen, putzen und blättrig schneiden. Zwiebel abziehen und würfeln. Kräuter waschen und fein hacken.

2 1 Esslöffel Öl erhitzen, Zwiebeln mit Champignons anbraten. Kräuter zufügen. Schnitzel mit Senf bestreichen und Kräuter-Champignons darauf verteilen. Aufrollen und mit Zahnstochern feststecken. Restliches Öl erhitzen und die Rouladen darin braun anbraten. Mit 300 Milliliter Wasser ablöschen und 15 Minuten garen.

3 Kartoffeln abgießen, stampfen, Milch und Muskat unterrühren und die Masse in einen Spritzbeutel mit Sterntülle füllen.

4 Auf Teller kleine Kartoffel-Rosetten spritzen. Rouladen mit Meersalz würzen und dazu reichen.

Pro Portion

1792/428 kJ/kcal • 46,9 g Eiweiß
10,9 g Fett • 27,6 g Kohlenhydrate
4,4 g Ballaststoffe • 2,3 BE

Indonesisches Reisfleisch

Für 4 Portionen

200 g Naturreis, 400 g Schweinefilet
2 Karotten, 1 Stange Lauch
2 EL Schneekoppe Sonnenblumenöl
Sojasauce, Pfeffer, Curry

Zubereitungszeit 50 Minuten

1 Naturreis in kochendem Salzwasser 35–40 Minuten garen.

2 Karotten schälen, Lauch waschen, putzen und alles in Streifen schneiden.

3 Öl erhitzen und das Fleisch anbraten. Karotten und Lauch zufügen. Mit 100 Milliliter Wasser ablöschen und zugedeckt 5 Minuten garen. Mit Sojasauce, Pfeffer und Curry würzen, mit Reis servieren.

Pro Portion

1661/397 kJ/kcal • 25,1 g Eiweiß
13,5 g Fett • 37,8 g Kohlenhydrate
3,4 g Ballaststoffe • 3,2 BE

Schlesisches Allerlei

»Schnelle« Kohlenhydrate – wie Zucker – nach Möglichkeit meiden. »Langsame« Kohlenhydrate – wie Vollkornbrot, Naturreis, Kartoffeln, Gemüse und Hülsenfrüchte – bevorzugen. Sie sind besser für den Stoffwechsel.

Für 4 Portionen

400 g Kalbsschnitzel
250 g Karotten
250 g Kohlrabi
150 g Erbsen
600 g Kartoffeln
3 EL Schneekoppe Sonnenblumenöl
3/4 l Instant-Gemüsebrühe
Schneekoppe Meersalz
frisch gemahlener Pfeffer
1 Bund Petersilie
2 EL Mehl
2 EL Schneekoppe Speise-Leinöl

Zubereitungszeit 55 Minuten

❶ Fleisch waschen, trockentupfen und in etwa 2 x 2 Zentimeter große Würfel schneiden.

❷ Karotten und Kohlrabi schälen und würfeln, zarte grüne Kohlrabiblätter in feine Streifen schneiden. Erbsen aus den Hülsen lösen. Kartoffeln waschen, schälen, und würfeln.

❸ Sonnenblumenöl erhitzen und das Fleisch darin anbraten. Gemüse bis auf die Erbsen zufügen und ebenfalls anbraten. Mit Brühe ablöschen und zugedeckt 30 Minuten köcheln lassen.

❹ 10 Minuten vor Ende der Garzeit Erbsen zufügen. Mit Meersalz und Pfeffer würzen. Petersilie waschen und fein hacken.

❺ Mehl mit etwas Wasser verrühren und das Allerlei damit binden. Leinöl und Petersilie vor dem Servieren unterrühren.

► **Pro Portion**
1859/446 kJ/kcal
27,5 g Eiweiß
18,5 g Fett
35,9 g Kohlenhydrate
7,1 g Ballaststoffe
3 BE

Bohnengulasch

Für 4 Portionen

600 g Gulasch vom Rind
2 Zwiebeln
3 EL Schneekoppe Distelöl
1 Dose geschälte Tomaten (425 g)
600 g Kartoffeln
400 g Brechbohnen
Schneekoppe Meersalz
Pfeffer, Cayennepfeffer
1/2 Bund Thymian

Zubereitungszeit 120 Minuten

1. Gulasch waschen, trockentupfen und eventuell klein schneiden. Zwiebeln abziehen und würfeln.

2. Distelöl erhitzen und das Fleisch darin bei starker Hitze von allen Seiten scharf anbraten. Zwiebeln zufügen und ebenfalls anbraten. Tomaten mit Saft zugeben und alle Zutaten zugedeckt 90 Minuten bei mittlerer Hitze schmoren lassen.

3. Kartoffeln waschen, schälen und halbieren, große Kartoffeln vierteln oder achteln. Bohnen waschen, putzen und halbieren.

4. Kartoffeln im kochenden Wasser mit Meersalz 20 Minuten garen. Bohnen 20 Minuten vor Ende der Garzeit zum Gulasch geben.

5. Das Gulasch mit Meersalz, Pfeffer und Cayennepfeffer würzen. Thymian waschen, Blättchen von den Stielen streifen und unter das Bohnengulasch heben.

6. Das Bohnengulasch mit den Salzkartoffeln servieren.

► **Pro Portion**

2041/486 kJ/kcal • 39,5 g Eiweiß
17,9 g Fett • 32,6 g Kohlenhydrate
8,5 g Ballaststoffe • 2,7 BE

TIP

Tomaten sind eines der wenigen Gemüse, die Sie – außerhalb der Freilandsaison – bedenkenlos in Dosen kaufen können. Für die überwiegend aus Italien kommenden Tomatendosen mit den »pelati«, den geschälten Tomaten, werden nämlich die vollreifen, aromatischen Früchte der Hochsaison verarbeitet – und die haben mehr Aroma als die winterlichen Treibhaustomaten.

TIP

Sauerampfer in der Suppe nur ziehen lassen, sonst verliert er an Aroma und verfärbt sich dunkel.

Filet mit Morcheln

Für 4 Portionen

30 g getrocknete Morcheln
700 g Schweinefilet
500 g Staudensellerie
200 g Karotten
150 g Spätzle
Schneekoppe Meersalz
4 EL Schneekoppe Sonnenblumenöl
Pfeffer, Paprika, 1 EL Sesamsamen

Zubereitungszeit 45 Minuten

❶ Morcheln in 1/4 Liter lauwarmem Wasser einweichen. Filet waschen und trockentupfen. Staudensellerie waschen und putzen. Karotten schälen. Gemüse in Scheiben schneiden.

❷ Spätzle in kochendem Wasser mit Meersalz 12–15 Minuten garen.

❸ Die Hälfte des Öls erhitzen und das Filet darin rundherum anbraten. Morcheln abseihen, Wasser auffangen, das Filet damit ablöschen. Morcheln zufügen und zugedeckt 15 Minuten schmoren.

❹ Gemüse in restlichem Öl 10 Minuten dünsten. Etwas salzen.

❺ Filet mit Meersalz, Pfeffer und Paprika würzen. Spätzle abgießen, mit Sesam bestreuen und mit Fleisch und Gemüse anrichten.

Filet mit Morcheln und Gemüse – ein feines Rezept für ein Essen mit lieben Freunden (Seite 67).

▶ Pro Portion
1933/464 kJ/kcal • 39,8 g Eiweiß
25,6 g Fett • 10,7 g Kohlenhydrate
5,2 g Ballaststoffe • 0,9 BE

Sauerampfersuppe

Für 4 Portionen

3 Bund Sauerampfer
40 g Butter, 40 g Mehl
1/2 l Magermilch
1/2 l Instant-Gemüsebrühe
1 Eigelb, Schneekoppe Meersalz
90 g Weißbrot
3 EL Schneekoppe Speise-Leinöl

Zubereitungszeit 30 Minuten

❶ Sauerampfer waschen und in Streifen schneiden. Mehl in Butter anschwitzen. Mit Milch und Brühe ablöschen und 5 Minuten köcheln lassen. Sauerampfer zufügen und 3 Minuten ziehen lassen.

❷ Eigelb mit wenig Wasser verrühren und in die Suppe rühren. Mit Meersalz würzen.

❸ Brot in Würfel schneiden, im heißen Öl rösten. In tiefe Teller geben und die Suppe darüber gießen.

▶ Pro Portion
1385/332 kJ/kcal • 9,3 g Eiweiß
19,5 g Fett • 26,8 g Kohlenhydrate
2 g Ballaststoffe • 2,2 BE

TIP

Anstatt mit Lachs und Kräutern können Sie die Quiche auch mit 75 Gramm gewürfeltem Schinken und 30 Gramm geriebenem Käse würzen. Oder belegen Sie sie einmal mit einem in Spalten geschnittenen und blanchierten Fenchel und 100 Gramm gebratenen Putenbruststreifen.

Lachsquiche

Für 4 Portionen

- 75 g Magerquark
- 4 Eier
- Schneekoppe Meersalz
- 3 EL Schneekoppe Distelöl
- 175 g Mehl
- 1 leicht gehäufter TL Backpulver
- Fett für die Form
- 250 g Lachsfilet
- 200 g Sahne
- je 1 Bund Petersilie, Dill und Schnittlauch

Zubereitungszeit 50 Minuten

❶ Quark, 1 Ei, 1/2 Teelöffel Meersalz, Distelöl, Mehl und Backpulver zu einem glatten Teig verkneten und eine gefettete Springform von 26 Zentimeter Durchmesser damit auslegen. Rand andrücken.

❷ Lachs waschen, trockentupfen und in Streifen schneiden. Restliche Eier und Sahne verquirlen. Mit Meersalz würzen.

❸ Kräuter waschen und fein hacken. Lachs und Kräuter auf dem Teig verteilen und mit der Eier-Sahne übergießen.

❹ Im vorgeheizten Backofen bei 200 °C (Umluft 180 °C, Gas Stufe 3) 30–35 Minuten backen.

► **Pro Portion**

2878/688 kJ/kcal • 29,4 g Eiweiß
43,4 g Fett • 35,9 g Kohlenhydrate
2,9 g Ballaststoffe • 3 BE

Lengfisch in Dillsauce

Für 4 Portionen

- 150 g Wildreismischung
- Schneekoppe Meersalz
- 700 g Lengfischfilet
- 150 g Karotten
- 100 g Champignons
- 3 EL Schneekoppe Distelöl
- 1 1/2 EL Mehl
- 3/8 l Magermilch
- 1 Bund Dill
- Schneekoppe Obstessig
- frisch gemahlener Pfeffer

Zubereitungszeit 35 Minuten

❶ Die Wildreismischung in reichlich kochendem Wasser mit Meersalz 30–35 Minuten garen.

❷ Lengfisch waschen, trockentupfen und in Portionsstücke schneiden.

❸ Karotten schälen und in Stifte schneiden. Champignons waschen, putzen und in Scheiben schneiden.

Seefische gehören zu den wenigen Lebensmitteln, die viel Jod liefern. Dieser Mineralstoff ist unentbehrlich für die Funktion der Schilddrüse und reguliert über Hormone viele Stoffwechselvorgänge. Die Folgen eines Jodmangels sind gerade für Typ-II-Diabetiker unangenehm: Alle Lebensprozesse werden langsamer, der Grundumsatz sinkt, und das Körpergewicht steigt.

❹ Distelöl erhitzen, Karotten und Champignons darin andünsten. Mehl darüber stäuben und mit der Milch ablöschen. 5 Minuten köcheln lassen.

❺ Den Dill waschen, trockenschütteln, einige Zweiglein davon beiseite legen, den Rest fein hacken. Unter die Sauce rühren und mit Meersalz, wenig Obstessig und Pfeffer abschmecken.

❻ Das Lengfischfilet in die Sauce geben und 12 Minuten bei minimaler Hitze darin ziehen lassen. Achtung: Der Fisch darf auf keinen Fall kochen, sonst wird er hart und zerfällt!

❼ Wildreismischung abgießen und mit dem Fisch anrichten. Mit Dill garnieren.

► **Pro Portion**

1979/473 kJ/kcal • 47,5 g Eiweiß
10,7 g Fett • 38,3 g Kohlenhydrate
3,4 g Ballaststoffe • 3,2 BE

TIP

So gesund Miesmuscheln auch sind – Exemplare, die sich beim Kochen nicht öffnen, sondern deren Schale geschlossen bleibt, auf keinen Fall mit Gewalt öffnen, sondern komplett wegwerfen. Muschelfleisch aus geschlossenen Muscheln sollte man niemals verzehren!

Einmal leicht und mediterran, einmal deftig wie bei Muttern – Muscheltopf (Seite 71 oben) und Ente mit Wirsing (Seite 71 unten).

Muscheltopf

Für 4 Portionen

- 50 g Langkornreis
- 1 Bund Lauchzwiebeln
- 3 Knoblauchzehen
- 2 EL Schneekoppe Sonnenblumenöl
- 1 Dose geschälte Tomaten (850 g)
- 1/2 l Instant-Gemüsebrühe
- 500 g Miesmuscheln
- 500 g Scampi ohne Schale
- Schneekoppe Meersalz
- Pfeffer, Paprikapulver
- Schneekoppe Obstessig
- 1 Bund Petersilie

Zubereitungszeit 35 Minuten

❶ Reis in kochendem Wasser mit Meersalz etwa 20 Minuten garen.

❷ Lauchzwiebeln waschen, putzen und klein schneiden. Knoblauch abziehen in Scheiben schneiden.

❸ Beides im heißen Öl anbraten. Mit Tomaten und Brühe ablöschen.

❹ Muscheln und Scampi waschen. Zu den Tomaten geben. Mit Meersalz, Pfeffer, Paprika und Obstessig würzen und zugedeckt 10 Minuten garen.

❺ Petersilie waschen und fein hacken. Reis in den Muscheltopf rühren und kurz warm werden lassen. Mit Petersilie bestreuen.

► **Pro Portion**
1323/315 kJ/kcal • 32,4 g Eiweiß
9,4 g Fett • 19,4 g Kohlenhydrate
3,7 g Ballaststoffe • 1,6 BE

Ente mit Wirsing

Für 4 Portionen

- 1 küchenfertige Ente (ca. 1,2 kg)
- 2 Zwiebeln
- 2 EL Schneekoppe Distelöl
- Schneekoppe Meersalz
- 1 TL Pfefferkörner
- 750 g Wirsing, 200 g Karotten
- 400 g Kartoffeln

Zubereitungszeit 100 Minuten

❶ Ente waschen und in 8 Teile zerlegen. Zwiebeln würfeln. Ente und Zwiebeln in Öl anbraten. Mit 1 1/2 Liter Wasser ablöschen, mit Salz und Pfefferkörnern würzen, zugedeckt 45 Minuten kochen.

❷ Gemüse putzen und klein schneiden. Ente aus der Brühe nehmen, die Brühe durchsieben und das Gemüse darin 25 Minuten garen.

❸ Ente von Haut und Knochen befreien und zum Gemüse geben.

► **Pro Portion**
2391/570 kJ/kcal • 34 g Eiweiß
32,5 g Fett • 26,1 g Kohlenhydrate
8,8 g Ballaststoffe • 2,2 BE

Schollengratin

Tiefkühlgemüse ist länger gelagerter Frischware oft vorzuziehen: Frisch geerntete Bohnen hatten bei einem Test nach zwei Tagen 50 Prozent ihres Vitamin-C-Gehaltes eingebüßt. Tiefgefrorene dagegen enthielten nach zwölf Monaten noch 70 Prozent Vitamin C.

Für 4 Portionen

- 600 g Schollenfilet
- Schneekoppe Obstessig
- Schneekoppe Meersalz
- frisch gemahlener Pfeffer
- 2 EL Schneekoppe Distelöl
- 450 g tiefgefrorene Gemüsemischung
- 100 g Shrimps
- 100 ml Milch
- 50 ml Weißwein
- 2 EL Paniermehl
- 20 g Butter
- 600 g Kartoffeln

Zubereitungszeit 35 Minuten

❶ Schollenfilets waschen, der Länge nach halbieren, mit Obstessig, Meersalz und Pfeffer würzen und aufrollen. Mit Holzspießchen feststecken.

❷ Eine große Gratinform mit Öl ausstreichen. Unaufgetaute Gemüsemischung und die Schollenröllchen in die Form setzen. Shrimps dazwischenstreuen.

❸ Milch und Weißwein verrühren, mit Meersalz und Pfeffer mischen und über die Zutaten gießen.

❹ Mit Paniermehl bestreuen und mit Butterflöckchen belegen. Im vorgeheizten Backofen bei 200 °C (Umluft 180 °C, Gas Stufe 3) etwa 20 Minuten backen.

❺ Kartoffeln mit Schale in kochendem Salzwasser 20 Minuten garen und zum Schollengratin servieren.

► **Pro Portion**
2003/478 kJ/kcal • 37,6 g Eiweiß
15,8 g Fett • 35,6 g Kohlenhydrate
6,6 g Ballaststoffe • 3 BE

TIP

Fertigen Fischfond erhalten Sie in Delikatessgeschäften und in Feinkostabteilungen großer Supermärkte. Greifen Sie ruhig zum Fertigprodukt – Sie ersparen sich damit stundenlange Arbeit.

Scampi-Nuss-Pfanne

Für 4 Portionen

750 g Scampi ohne Schale
100 ml Reiswein
2 EL Ingwersirup
2 EL helle Sojasauce
3 EL Schneekoppe Distelöl
1 Bund Lauchzwiebeln
1 rote Chilischote
1 eingelegte Ingwerknolle
50 g Walnusskerne
100 ml Fischfond
Schneekoppe Meersalz

Zubereitungszeit 140 Minuten

❶ Scampi waschen. Reiswein, Ingwersirup, Sojasauce und 1 Esslöffel Distelöl verrühren und die Scampi darin 2 Stunden marinieren.

❷ Lauchzwiebeln waschen, putzen und schräg in Stücke schneiden. Chilischote waschen, entkernen und in feine Ringe schneiden.

❸ Ingwer in Streifen schneiden. Scampi aus der Marinade nehmen und trockentupfen.

❹ Restliches Öl erhitzen und Scampi darin 3 Minuten braten. Lauchzwiebeln, Chilischoten und Ingwer zufügen und anbraten.

❺ Marinade, Walnüsse und Fischfond zufügen und einmal kurz aufkochen. Mit Meersalz würzen.

► Pro Portion

1623/387 kJ/kcal
38,3 g Eiweiß
14,8 g Fett
14,8 g Kohlenhydrate
1,6 g Ballaststoffe • 1,2 BE

TIP

Seeteufel ist ein sehr edler, aber auch teurer Fisch. Preiswerter können Sie dieses Gericht mit Rotbarsch, Kabeljau oder Katfisch zubereiten.

Seeteufelspieße

Für 4 Portionen

700 g Seeteufelfilet
Schneekoppe Obstessig
125 g Langkornreis
Schneekoppe Meersalz
8 Stängel Zitronengras
200 g Karotten, 300 g Kohlrabi
100 g Zuckerschoten
2 Lauchzwiebeln
1 gelbe Paprikaschote
3 EL Schneekoppe Sonnenblumenöl
frisch gemahlener Pfeffer

Zubereitungszeit 25 Minuten

❶ Fisch waschen, mit etwas Obstessig beträufeln und in Stücke schneiden. Reis in Salzwasser garen. Zitronengras waschen und die äußere Schicht entfernen. Gemüse putzen und in feine Streifen schneiden.

❷ Sonnenblumenöl erhitzen und das Gemüse darin 3 Minuten braten. Fischstücke auf die Zitronengrasstängel spießen, auf das Gemüse legen, mit Meersalz und Pfeffer würzen und zugedeckt 10 Minuten ziehen lassen. Reis abgießen und zum Fisch servieren.

▶ **Pro Portion**
1691/404 kJ/kcal • 38,5 g Eiweiß
9,8 g Fett • 33,8 g Kohlenhydrate
4,3 g Ballaststoffe • 2,8 BE

Schmeckt nach Urlaub, Strand und Meer – Seeteufelspieße mit Reis (Seite 75).

Fisch mit Remoulade

Für 4 Portionen

Remoulade:
1/2 Zwiebel, 1 Gewürzgurke
1/4 Bund Schnittlauch
100 g Magerquark
2 EL Sauerrahm, 2 EL Magerjoghurt
2 TL Schneekoppe Obstessig
1 TL mittelscharfer Senf
Schneekoppe Meersalz, Pfeffer

Fisch:
600 g Rotbarschfilet
2 Zitronen
Schneekoppe Meersalz, Pfeffer
2 EL Schneekoppe Sonnenblumenöl

Zubereitungszeit 35 Minuten

❶ Für die Remoulade Zwiebel und Gurke fein hacken, Schnittlauch in Röllchen schneiden. Mit den übrigen Zutaten verrühren.

❷ Die Fischfilets waschen und mit dem Saft einer Zitrone beträufeln. Mit Salz und Pfeffer würzen.
Öl in einer Pfanne erhitzen und den Fisch darin von beiden Seiten 5 Minuten goldgelb braten. Mit der in Achtel geschnittenen zweiten Zitrone und der Remoulade anrichten und servieren.

▶ **Pro Portion**
1264/302kJ/kcal • 37,0 g Eiweiß
13,9 g Fett • 6,0 g Kohlenhydrate
0,6 g Ballaststoffe • 0,5 BE

TIP

Statt der Kartoffeln können Sie auch gekochten Reis oder Nudeln für den Gemüseeintopf verwenden: Mischen Sie diese dann aber erst unter das fertig gekochte Gemüse.

Nudelauflauf

Für 4 Portionen

250 g Vollkornnudeln
Schneekoppe Meersalz
1 EL Schneekoppe Speise-Leinöl
600 g TK-Gemüsemischung
1 Bund Schnittlauch
250 ml Magermilch
3 Eier
Pfeffer, Muskatnuss
30 g geriebener Emmentaler (45 % Fett i.Tr.)

Zubereitungszeit 60 Minuten

❶ Vollkornnudeln in kochendem Salzwasser 10 Minuten garen.

❷ Auflaufform mit Leinöl einfetten. Nudeln über einem Sieb abgießen, mit kaltem Wasser abspülen und unter die unaufgetaute Gemüsemischung heben. In die Auflaufform füllen.

❸ Schnittlauch waschen und in feine Röllchen schneiden. Mit Milch und Eiern verrühren und mit Meersalz, Pfeffer und Muskat würzen. Über die übrigen Zutaten geben und den Auflauf mit dem geriebenen Emmentaler bestreuen.

❹ Im vorgeheizten Backofen bei 200 °C (Umluft 180 °C, Gas Stufe 3) etwa 40 Minuten backen.

► **Pro Portion**
1683/402 kJ/kcal • 18,7 g Eiweiß
13,3 g Fett • 46,3g Kohlenhydrate
10,1 g Ballaststoffe • 3,9 BE

Gemüseeintopf

Für 4 Portionen

400 g Weißkohl
250 g Karotten
250 g Lauch
400 g Kartoffeln
2 Zwiebeln
1 1/2 l Instant-Gemüsebrühe
1 1/2 Bund Petersilie
3 EL Schneekoppe Speise-Leinöl
Schneekoppe Meersalz
frisch gemahlener Pfeffer

Zubereitungszeit 45 Minuten

❶ Weißkohl, Karotten und Lauch waschen, putzen und klein schneiden. Kartoffeln schälen, waschen und würfeln, Zwiebeln abziehen und ebenfalls würfeln.

❷ Gemüsebrühe aufkochen und das klein geschnittene Gemüse darin 30 Minuten garen.

❸ Petersilie waschen und fein hacken. Leinöl in den Eintopf rühren. Mit Meersalz, Pfeffer und gehackter Petersilie würzen.

► **Pro Portion**
991/237 kJ/kcal • 5,7 g Eiweiß
11,4 g Fett • 25,9 g Kohlenhydrate
8,5 g Ballaststoffe • 2,2 BE

Rosenkohlauflauf

Für 4 Portionen

- 750 g Rosenkohl
- 1 TL Schneekoppe Meersalz
- 150 g Tofu
- 1 EL Schneekoppe Distelöl
- 3 Eier, 1/4 l Magermilch
- frisch gemahlener Pfeffer
- Muskatnuss
- 100 g Blauschimmelkäse
- 600 g Kartoffeln

Zubereitungszeit 50 Minuten

❶ Rosenkohl putzen und in kochendem Wasser mit Meersalz 5 Minuten garen. Auf einem Sieb gründlich abtropfen lassen.

❷ Tofu würfeln. Eine Auflaufform mit Distelöl einfetten. Eier und Milch verrühren und mit Meersalz, Pfeffer und frisch gemahlener Muskatnuss würzen.

❸ Rosenkohl und Tofu in der Auflaufform verteilen und die Eiermilch darüber gießen. Den Blauschimmelkäse mit einer Gabel zerdrücken und gleichmäßig über den Auflauf streuen.

❹ Im vorgeheizten Backofen bei 200 °C (Umluft 180 °C, Gas Stufe 3) etwa 35 Minuten garen.

❺ Kartoffeln waschen, schälen, klein schneiden und in kochendem Wasser mit Meersalz 20 Minuten garen. Abgießen und zum Rosenkohlauflauf servieren.

► **Pro Portion**
1865/445 kJ/kcal
26 g Eiweiß
19,8 g Fett
35,1 g Kohlenhydrate
10,1 g Ballaststoffe
2,9 BE

TIP

Das feste Stielende der Rosenkohlröschen mit einem Küchenmesser kreuzweise einschneiden. So verkürzt sich die Garzeit um 10 bis 15 Prozent.

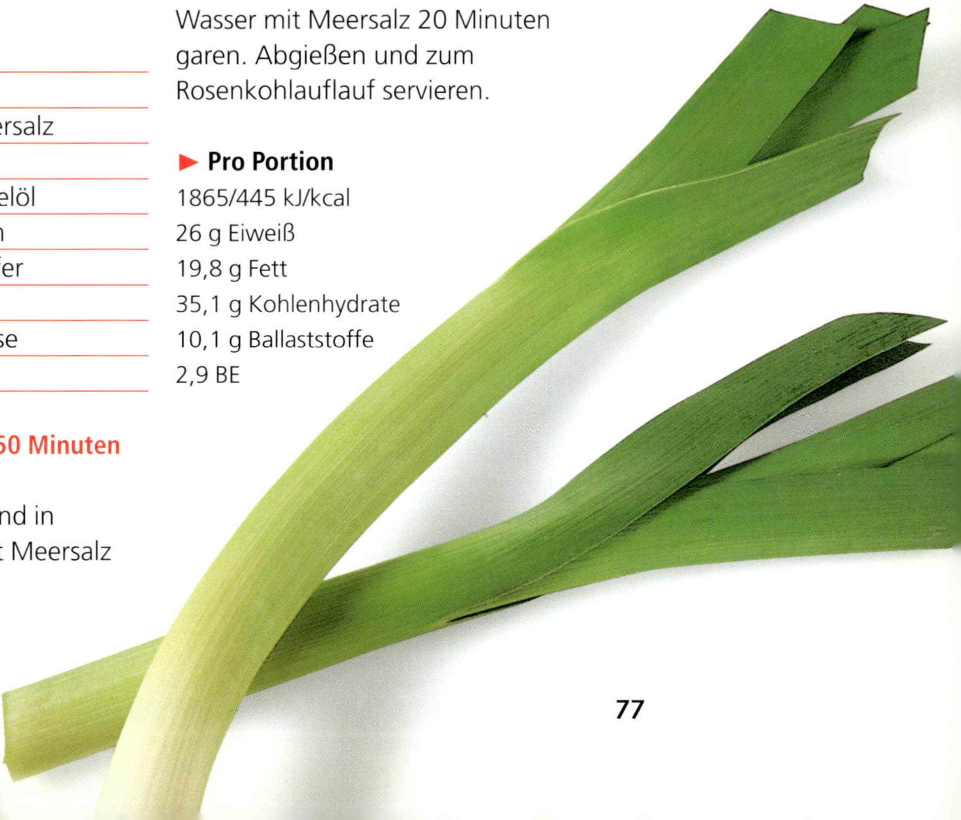

Wirsingrouladen mit Salzkartoffeln

Der Wirsing, früher oft verschmähtes Kohlgemüse, erfreut sich heute auch bei Spitzenköchen zunehmender Beliebtheit. Daran ist nicht zuletzt das steigende Gesundheitsbewusstsein beteiligt: Wirsing enthält nur 31 Kalorien in 100 Gramm, dafür aber heilsame Schwefelöle und doppelt so viel Eiweiß, wertvolle Fette, Eisen und Phosphor wie Weiß- und Rotkohl, außerdem Vitamin A und B-Vitamine.

Für 4 Portionen

Rouladen:
- 750 g Wirsing
- Schneekoppe Meersalz
- 600 g Lachsfilet
- 1 Eiweiß
- weißer Pfeffer
- 150 g Kabeljaufilet

Beilagen:
- 600 g Kartoffeln
- 1 EL Schneekoppe Distelöl
- 1 Bund Schnittlauch
- 250 g Schmand

Zubereitungszeit 90 Minuten

1. Den Wirsing waschen, putzen und vom Strunk 12 Blätter ablösen. Diese in kochendem Wasser mit Meersalz etwa 3 Minuten blanchieren.

2. Herausnehmen, die dicken Mittelrippen flach schneiden, jeweils 3 Wirsingblätter auf einem sauberen Küchentuch überlappend nebeneinander legen.

3. Das Lachsfilet ganz kurz unter kaltem Wasser abspülen. Anschließend gut trockentupfen und würfeln. Mit dem Eiweiß im Blitzhacker pürieren. Mit Meersalz und Pfeffer würzen. Etwa 15 Minuten kalt stellen.

4. Lachspüree auf jeweils drei nebeneinander liegenden Kohlblättern verteilen. Das Kabeljaufilet ganz kurz unter kaltem Wasser abspülen, gut trockentupfen und längs in 4 Streifen schneiden. Auf jede der 4 Lachsportionen einen Kabeljaustreifen legen. Wirsing mit Hilfe des Küchentuchs aufrollen. Die Rouladen mit Küchengarn umwickeln.

5. Kartoffeln schälen, waschen, je nach Größe halbieren oder vierteln und in kochendem Wasser mit Meersalz 20 Minuten garen.

6. Restlichen Wirsing klein schneiden, dicke Rippen dabei entfernen. Distelöl erhitzen und Wirsing darin anschwitzen. Mit etwas Wasser ablöschen. Mit Meersalz und Pfeffer würzen. 5 Minuten bei kleiner Hitze schmoren.

7. Rouladen auf den Wirsing geben und weitere 15 Minuten dünsten.

8. Schnittlauch waschen und in feine Röllchen schneiden. Den Schmand erhitzen. Schnittlauch unterrühren, mit Meersalz und Pfeffer abschmecken und als feine Sauce zu den Rouladen reichen.

► Pro Portion
3029/723 kJ/kcal • 47,8 g Eiweiß
38,8 g Fett • 33,5 g Kohlenhydrate
8,3 g Ballaststoffe • 2,8 BE

Die Wirsingroulade mit feinem Seefisch macht zwar etwas mehr Arbeit, aber das Ergebnis ist ein Genuss für Augen und Gaumen (Seite 79).

Abends etwas Leichtes

Rohkostplatte mit zwei Dips

Für 4 Portionen

Rohkost:
4 Tomaten, 1 kleine Gurke
125 g Champignons, 125 g Chicorée
6 Stangen Staudensellerie

Basilikum-Dip:
1 Bund Basilikum
30 g gemahlene Mandeln
30 g geriebener Parmesan
1 TL Schneekoppe Obstessig
Schneekoppe Meersalz
50 ml Schneekoppe Distelöl

Tsatsiki-Dip:
50 g Schneekoppe Pikanter Aufstrich Tsatsiki-Geschmack
2 EL Magermilchjoghurt
1 TL Tomatenmark

Zubereitungszeit 15 Minuten

❶ Gemüse putzen, in Streifen bzw. größere Stücke schneiden und auf einer Platte anrichten.

❷ Basilikum hacken, mit Mandeln und Parmesan pürieren. Mit Essig und Salz würzen, Öl unterrühren.

❸ Pikanten Aufstrich mit Joghurt und Tomatenmark verrühren.

► **Pro Portion**
1060/253 kJ/kcal • 7,3 g Eiweiß
21,2 g Fett • 5,8 g Kohlenhydrate
4,5 g Ballaststoffe • 0,5 BE

Griechischer Bauernsalat

Für 4 Portionen

1 Eissalat
1 Salatgurke
4 Tomaten
1 grüne Paprikaschote
1 große Gemüsezwiebel
2 EL Schneekoppe Obstessig
2 EL Schneekoppe Distelöl
Basilikum, Thymian, Rosmarin
Schneekoppe Meersalz, Pfeffer
150 g Schafskäse (40 % Fett i.Tr.)
50 g schwarze Oliven

Zubereitungszeit 20 Minuten

❶ Eissalat, Gurke, Tomaten, Paprika waschen, putzen und in Stücke schneiden. Zwiebel abziehen und in Ringe schneiden.

❷ Den Obstessig mit Distelöl, Kräutern, Meersalz und Pfeffer zu einer Salatsauce verrühren.

❸ Eissalat, Gurke, Tomate, Paprika und Zwiebel vermischen, und die Salatsauce darüber gießen. Den Schafskäse zerbröckeln und zusammen mit den Oliven über den Salat streuen.

► **Pro Portion**
1041/249kJ/kcal • 9,7 g Eiweiß
18,8 g Fett • 9,3 g Kohlenhydrate
5,1 g Ballaststoffe • 0,8 BE

TIP

Die in Frankreich als gesunde, appetitanregende Vorspeise sehr beliebten »crudités« (= Rohkost) können Sie je nach Jahreszeit variieren: Gut geeignet sind auch Paprika, Karotten, Kohlrabi, Radieschen, Chicorée, Radicchio und Zucchini.

Chicoréeschiffchen

Nicht nur die Ballaststoffe des Chicorées (siehe Seite 40), sondern auch sein Bitterstoff Intybin machen diesen Blattsalat zu einem der gesündesten, den wir kennen. Dieser Bitterstoff stimuliert vor allem die Leber, die Galle und den Darm, er unterstützt aber auch Magen, Milz, Bauchspeicheldrüse und Blutgefäße bei ihrer Arbeit.

Für 4 Portionen

- 375 g Chicorée
- 250 g Erdbeeren
- 1/2 unbehandelte Orange
- 150 g Vollmilchjoghurt
- Schneekoppe Süßkraft flüssig
- gemahlener Koriander
- 2 TL frische grüne Pfefferkörner

Zubereitungszeit 15 Minuten

❶ Chicorée waschen und das Ende abschneiden. 20 Blätter ablösen und auf Teller verteilen. Den restlichen Chicorée in 1 cm breite Streifen schneiden.

❷ Erdbeeren waschen, putzen und vierteln.

❸ Orange waschen und die Schale fein abreiben. Saft auspressen. Joghurt mit Orangensaft und -schale verrühren und mit Süßkraft und Koriander würzen.

❹ Joghurtsauce über Chicoréestreifen und Erdbeeren geben, in die ganzen Chicoréeblätter füllen und das Gericht mit grünen Pfefferkörnern überstreuen.

► **Pro Portion**

266/64 kJ/kcal • 3,1 g Eiweiß
1,8 g Fett • 7,4 g Kohlenhydrate
2,8 g Ballaststoffe • 0,6 BE

Pikante Profiteroles

Für 4 Portionen

- 15 g getrocknete Morcheln
- 20 ml Schneekoppe Sonnenblumenöl
- Schneekoppe Meersalz
- 30 g Mehl, 1 Ei
- 2 EL Sahne
- 100 g feine Kalbsleberwurst
- 1 TL rosa Pfefferkörner
- 1 gelbe Paprikaschote
- 2 Bund glatte Petersilie
- 2 EL Schneekoppe Obstessig
- 1 TL Kräutersenf
- 4 EL Schneekoppe Distelöl

Zubereitungszeit 55 Minuten

❶ Morcheln in 1/2 Tasse Wasser einweichen. Sonnenblumenöl, 50 Milliliter Wasser und 1 Prise Meersalz zum Kochen bringen. Mehl zufügen und rühren, bis sich die Masse als Kloß vom Topfboden löst. Ei unterrühren.

❷ Mit einem Teelöffel 12 kleine Häufchen auf ein mit Backpapier ausgelegtes Blech setzen und bei 225 °C (Umluft 205 °C, Gas Stufe 4) 12–15 Minuten backen.

❸ Morcheln 10 Minuten im Einweichwasser kochen.

❹ Morcheln hacken und mit 2 Esslöffeln Sud und der Sahne unter die Leberwurst rühren. Pfefferkörner zufügen. In einen Spritzbeutel mit langer Tülle füllen und in die Profiteroles spritzen.

❺ Paprikaschote waschen, entkernen und würfeln. Petersilie waschen und die Blättchen von den Stielen zupfen. Paprikawürfel und Petersilienblättchen auf die Teller verteilen. Aus Obstessig, Senf, Meersalz und Distelöl eine Marinade zubereiten und über die Petersilie geben. Profiteroles darauf anrichten.

► Pro Portion

1592/381 kJ/kcal • 8,8 g Eiweiß
31,6 g Fett • 11,8 g Kohlenhydrate
4,1 g Ballaststoffe • 1 BE

TIP

Profiteroles sind in Frankreich beliebte kleine Windbeutel, die – wie hier – mit pikanter Füllung als Imbiss oder Vorspeise gereicht werden, aber auch süß mit Vanille- oder Schokoladencreme als Dessert und zum Kaffee.

TIP

Leinöl ist sehr hochwertig und kann daher nur kurz gelagert werden. Nach dem Öffnen im Kühlschrank aufbewahren und innerhalb der nächsten zwei Wochen verbrauchen.

Kartoffel-Matjes-Salat

Für 4 Portionen

- 750 g Kartoffeln
- 4 Matjesfilets (à 160 g), 1 Apfel
- 1 Zwiebel, 1 Gewürzgurke
- 4 EL Schneekoppe Speise-Leinöl
- 1/4 l Instant-Gemüsebrühe
- 3 EL Schneekoppe Obstessig
- Schneekoppe Meersalz
- frisch gemahlener Pfeffer
- 1 Bund Schnittlauch

Zubereitungszeit 65 Minuten

❶ Kartoffeln waschen und 20 Minuten garen.

❷ Matjesfilets waschen und in Stücke schneiden. Apfel schälen, vierteln, in Stücke schneiden. Zwiebel würfeln. Gewürzgurke in Streifen schneiden. Kartoffeln pellen und in Scheiben schneiden.

❸ Leinöl, heiße Brühe und Obstessig verrühren, mit Salz und Pfeffer würzen und über die Kartoffeln geben. 30 Minuten ziehen lassen.

❹ Schnittlauch in Röllchen schneiden, mit den übrigen Zutaten unter die Kartoffeln heben.

► Pro Portion

3114/744 kJ/kcal • 30,2 g Eiweiß
48,6 g Fett • 35,2 g Kohlenhydrate
5,9 g Ballaststoffe • 2,9 BE

Süß-sauer macht lustig: Der fruchtige Kartoffel-Matjes-Salat eignet sich auch fürs Partybüffet (Seite 85).

Nudelsalat mit Avocadosauce

Für 4 Portionen

- 250 g kurze Nudeln (z. B. Hörnchen)
- 200 g tiefgefrorene Erbsen
- 100 g Lachsschinken ohne Fettrand
- 1 rote und 1 grüne Paprikaschote
- 1 reife Avocado, Saft von 1 Zitrone
- 3 EL Instant-Gemüsebrühe
- 200 g Magerjoghurt
- Schneekoppe Meersalz
- Cayennepfeffer
- Schneekoppe Süßkraft flüssig

Zubereitungszeit 30 Minuten

❶ Nudeln in Salzwasser kochen, abgießen, erkalten lassen.

❷ Erbsen in wenig Wasser 10 Minuten dünsten. Lachsschinken würfeln. Paprika putzen und würfeln.

❸ Avocado halbieren, Fruchtfleisch aus der Schale lösen. Sofort mit Zitronensaft, Gemüsebrühe und Joghurt pürieren. Die Sauce mit Salz, Cayennepfeffer und Süßkraft abschmecken.

❹ Zutaten mit der Sauce mischen und sofort servieren.

► Pro Portion

2521/603 kJ/kcal • 16,3 g Eiweiß
33,9 g Fett • 56,9 g Kohlenhydrate
9,4 g Ballaststoffe • 4,7 BE

Exotischer Geflügelsalat

Für 4 Portionen

350 g Putenschnitzel
1 EL Schneekoppe Sonnenblumenöl
200 g Erdbeeren
300 g Ananas
1 Orange
1 Staude Chicorée (125 g)
100 g Magermilchjoghurt
Schneekoppe Meersalz
Pfeffer, Curry

Zubereitungszeit 20 Minuten

❶ Putenschnitzel waschen, trockentupfen und im heißen Sonnenblumenöl von beiden Seiten je 7 Minuten braten.

❷ Erdbeeren waschen, putzen und in Scheiben schneiden. Ananas schälen und in Stücke schneiden. Orange schälen und filetieren. Chicorée waschen und in Streifen schneiden.

❸ Putenschnitzel in dünne Scheibchen schneiden. Vorbereitete Salatzutaten mischen. Joghurt mit Meersalz, Pfeffer und Curry würzen und über den Salat geben.

► **Pro Portion**

813/194 kJ/kcal • 23,4 g Eiweiß
4 g Fett • 11,7 g Kohlenhydrate
2,5 g Ballaststoffe • 1 BE

TIP

Vegetarier können für diesen Salat anstelle von Geflügelfleisch Tofu verwenden. Dafür den Sojaquark in Würfel schneiden, eventuell in Sojasauce marinieren, anschließend in heißem Sonnenblumenöl braten, salzen und pfeffern und die Tofuwürfel mit den übrigen Salatzutaten mischen. Übrigens: 100 Gramm Tofu haben nur 76 Kalorien!

Fenchel-Shrimps-Salat

Für 4 Portionen

4 Fenchelknollen (700 g)
250 g Dickmilch (3,5 % Fett)
1 EL Schneekoppe Obstessig
2 EL Schneekoppe Speise-Leinöl
Schneekoppe Meersalz
frisch gemahlener Pfeffer
1/2 Bund Petersilie
200 g Shrimps
4 Vollkornbrötchen (à 45 g)

Zubereitungszeit 15 Minuten

❶ Fenchel waschen, putzen, halbieren und in dünne Scheiben schneiden. Das Grün mitverwenden.

❷ Dickmilch mit Obstessig und Leinöl verrühren und mit Meersalz und Pfeffer würzen. Petersilie waschen, fein hacken und unterrühren.

❸ Fenchelscheiben und Shrimps mit der Kräuterdickmilch übergießen und die Vollkornbrötchen dazu reichen.

► **Pro Portion**
1256/301 kJ/kcal • 19,4 g Eiweiß
8,6 g Fett • 32,5 g Kohlenhydrate
8,4 g Ballaststoffe • 2,7 BE

Rindfleischsalat

Für 4 Portionen

- 350 g Rinderfilet
- 2 EL Schneekoppe Sonnenblumenöl
- 125 g Langkornreis
- Schneekoppe Meersalz
- 1 Salatgurke
- je 1/2 rote, grüne und gelbe Paprikaschote
- 4 Blätter Friséesalat
- 4 EL Obstessig
- frisch gemahlener Pfeffer
- 4 EL Schneekoppe Speise-Leinöl

Zubereitungszeit 40 Minuten

❶ Filet waschen, trockentupfen, in Streifen schneiden und im heißen Sonnenblumenöl etwa 5 Minuten unter Rühren braten.

❷ Reis in reichlich kochendem Wasser mit Meersalz 20 Minuten garen. Anschließend abgießen und erkalten lassen.

❸ Gurke waschen, der Länge nach halbieren und in Scheiben schneiden. Paprikaschoten waschen, entkernen und in kleine Würfel schneiden. Friséesalat sorgfältig waschen und in mundgerechte Stücke zupfen.

❹ Obstessig, Meersalz, Pfeffer und Leinöl zu einer Marinade verrühren und gründlich mit den vorbereiteten Salatzutaten mischen.

► **Pro Portion**
1735/416 kJ/kcal • 23 g Eiweiß
22,4 g Fett • 25,6 g Kohlenhydrate
3,2 g Ballaststoffe • 2,1 BE

Reis braucht viel Platz im Topf, denn beim Kochen quillt er auf das dreifache Volumen. Das bedeutet: 125 Gramm roher Reis ergeben 375 Gramm gekochten.

TIP

Die Käsebällchen zu Vollkornbrot reichen. Das gewürzte Öl lässt sich hervorragend für Salatmarinaden verwenden.

Pikante Käsebällchen

Für 4 Portionen

125 g Blauschimmelkäse (50 % Fett i. Tr.)
125 g Doppelrahm-Frischkäse (60 % Fett i. Tr.)
125 g geriebener Pecorino (40 % Fett i. Tr.)
1/2 TL Schneekoppe Obstessig
Schneekoppe Meersalz, Pfeffer
1 Zweig Rosmarin
2 Zweige Thymian
2 rote Chilischoten
1 Lorbeerblatt
300 ml Schneekoppe Distelöl

Zubereitungszeit 15 Minuten

❶ Blauschimmelkäse mit einer Gabel zerdrücken und mit Frischkäse und Pecorino vermischen.

❷ Mit Obstessig, Meersalz und Pfeffer würzen und kleine Bällchen aus der Masse formen.

❸ Rosmarin, Thymian und Chilischoten waschen und trockentupfen. Zusammen mit den Käsebällchen in ein Glas schichten, Lorbeerblatt dazugeben, mit Distelöl auffüllen. 2–3 Tage ziehen lassen.

Rosmarin und Thymian geben den würzigen Käsebällchen ihr mediterranes Aroma (Seite 89).

▶ Pro Portion
1883/449 kJ/kcal • 21,2 g Eiweiß
37 g Fett • 2,6 g Kohlenhydrate
0 g Ballaststoffe • 0,2 BE

Blinis mit Kaviar

Für 4 Portionen

10 g Hefe, 200 ml Vollmilch
50 g Weizenmehl
50 g Buchweizenmehl, 1 Ei
1 Prise Schneekoppe Meersalz
1/2 Bund Dill
4 EL Schneekoppe Sonnenblumenöl
100 g Schmand, 100 g Kaviar

Zubereitungszeit 80 Minuten
Arbeitszeit 30 Minuten

❶ Die Hefe in der etwas angewärmten Milch auflösen. Mit den Mehlen, Eigelb und Salz verrühren. Den Teig gehen lassen, bis er sein Volumen verdoppelt hat.

❷ Eiweiß steif schlagen und unter den aufgegangenen Teig ziehen. Dill waschen und hacken.

❸ 1 Esslöffel Öl erhitzen, kleine Häufchen Hefeteig hineinsetzen und flach drücken. Wenn sie auf einer Seite goldgelb sind, wenden. Auf diese Weise 16 Blinis backen.

❹ Warme Blinis auf 4 Teller verteilen, Schmand und Kaviar darauf geben und mit Dill bestreuen.

▶ Pro Portion
1553/ 371 kJ/kcal • 13,4 g Eiweiß
24,6 g Fett • 24,1 g Kohlenhydrate
1,5 g Ballaststoffe • 2 BE

Gemüsestreifen mit Meerrettich-Creme

»Meerrettich lüftet den Geist«, sagt der Volksmund. Noch wichtiger aber ist sein Inhaltsstoff Sinigrin, der durch Enzyme Senföle bildet. Diese scharfen Senföle durchbluten und desinfizieren in hohem Maße – sie stellen sozusagen natürliche Antibiotika dar.

Für 1 Portion

- 1/2 Kohlrabi (100 g)
- 1 Karotte (100 g)
- je 1/2 gelbe und grüne Paprikaschote
- 10 Radieschen
- einige Zweige Dill
- 100 g Kefir (1,5 % Fett)
- geriebener Meerrettich
- Schneekoppe Meersalz
- frisch gemahlener Pfeffer
- 1 TL Schneekoppe Speise-Leinöl
- 40 g Vollkorntoast

Zubereitungszeit 20 Minuten

❶ Das Gemüse waschen und putzen. Kohlrabi und Karotte in Streifen, Paprikaschoten in größere Stücke schneiden und Radieschen je nach Größe ganz lassen oder halbieren. Das Gemüse auf einer Platte dekorativ anrichten.

❷ Den Dill waschen und fein hacken.

❸ Den Kefir mit dem fein geriebenen Meerrettich, dem Meersalz und dem Pfeffer würzen und den Dill und das Leinöl unterrühren.

❹ Das Toastbrot goldgelb rösten und zu den Gemüsestreifen und dem Meerrettich-Dip reichen.

► **Pro Portion**

1265/303 kJ/kcal • 12 g Eiweiß
8,3 g Fett • 40,7 g Kohlenhydrate
9,6 g Ballaststoffe • 3,4 BE

Krabben-Reis-Salat

Für 1 Portion

35 g Naturreis
Schneekoppe Meersalz
1 Mandarine
1 EL Schneekoppe Obstessig
1 EL Schneekoppe Speise-Leinöl
50 g Krabben, 3-4 Salatblätter
1 kleine Scheibe Roggenbrot (25 g)

Zubereitungszeit 40 Minuten

❶ Naturreis in kochendem Salzwasser 30–35 Minuten garen. Mandarine schälen, in Spalten teilen und die Haut entfernen.

❷ Obstessig, 2 Esslöffel Wasser und Leinöl verrühren. Reis über einem Sieb abgießen, mit kaltem Wasser abspülen und abtropfen lassen.

❸ Reis, Mandarine, Krabben und Marinade mischen und auf Salatblättern anrichten. Roggenbrot dazu reichen.

► **Pro Portion**
1429/343 kJ/kcal • 14,2 g Eiweiß
13 g Fett • 38,2 g Kohlenhydrate
5 g Ballaststoffe • 3,2 BE

Pikantes Käsebrot

Für 1 Portion

40 g Vollkornbrot
15 g Schneekoppe Pikanter Aufstrich Paprika
20 g Emmentaler
1 Tomate
1/2 Beet Kresse

Zubereitungszeit 5 Minuten

Brot mit Paprika-Aufstrich bestreichen und mit Käse belegen.Tomate waschen, vierteln und mit der abgeschnittenen Kresse auf dem Käsebrot anrichten.

► **Pro Portion**
915/219 kJ/kcal • 9,9 g Eiweiß
9,7 g Fett • 19,8 g Kohlenhydrate • 5,3 g Ballaststoffe • 1,7 BE

TIP

Denken Sie bei der Verwendung von Naturreis grundsätzlich daran, dass er länger kochen muss als polierter Weißreis.

Gemüse-Eierkuchen

TIP

Je nach Jahreszeit können Sie die Eierkuchen mit Ihrem Lieblingsgemüse füllen. Besonders lecker schmecken sie auch mit chinesischer Füllung: Dafür 250 Gramm Shiitakepilze und 100 Gramm Mungbohnensprossen schmoren.

Für 4 Portionen

Eierkuchen:
200 g Mehl
3 Eier
Schneekoppe Meersalz
2 EL Schneekoppe Distelöl

Gemüsefüllung:
250 g Karotten
250 g Kohlrabi
100 g Zuckerschoten

Buttersauce:
1/4–1/2 Zwiebel (je nach Größe)
20 g Butter
20 g Mehl
1/8 l Instant-Gemüsebrühe
1/8 l Magermilch
Saft von 1/2 Zitrone
1 Bund Kerbel

Zubereitungszeit 75 Minuten

❶ Mehl, 1/2 Liter Wasser, Eier und Meersalz verrühren und 30 Minuten quellen lassen.

❷ Karotten und Kohlrabi schälen, Karotten in Scheiben, Kohlrabi in Stifte schneiden. Zuckerschoten waschen und putzen.

❸ Etwas Distelöl in einer Pfanne erhitzen, ein Viertel der Teigmasse hineingeben und einen goldgelben Eierkuchen backen. Warm stellen und auf dieselbe Weise drei weitere Eierkuchen backen.

❹ Karotten und Kohlrabi in kochendem Salzwasser 10 Minuten dünsten, nach 5 Minuten die Zuckerschoten dazu geben. Alles bissfest kochen, herausnehmen und warm stellen.

❺ Die Zwiebel abziehen und würfeln. Die Butter in einem Topf schmelzen, die Zwiebelwürfel darin anbraten, bis sie goldgelb sind.

❻ Mehl dazu geben und unter Rühren anschwitzen. Nach und nach mit Gemüsebrühe und Magermilch aufgießen, dabei ständig rühren, damit sich keine Klümpchen bilden. Sauce kurz durchkochen lassen.

❼ Mit Zitronensaft würzen. Kerbel waschen, fein hacken und unterziehen.

❽ Eierkuchen mit dem vorbereiteten Gemüse füllen und mit der Kerbelsauce anrichten.

Wer nur für eine Person kocht, sollte sich an diese Gemüse-Eierkuchen halten – sie lassen sich hervorragend auch in kleinen Portionen zubereiten (Seite 93).

Variante

Den Eierkuchenteig können Sie auch mit geriebenem Käse oder gehackten Kräutern zubereiten.

► Pro Portion
1725/412 kJ/kcal • 15,3 g Eiweiß
16,7 g Fett • 49,4 g Kohlenhydrate
6,8 g Ballaststoffe • 4,1 BE

Kümmelkartoffeln mit Schnittlauchquark

Für 4 Portionen
Kümmelkartoffeln:
600 g Kartoffeln
1 TL Kümmel
Schnittlauchquark:
1 Zwiebel
1 Knoblauchzehe
1 Bund Schnittlauch
500 g Magerquark
3 EL Vollmilch
Schneekoppe Meersalz
frisch gemahlener Pfeffer
3 EL Schneekoppe Speise-Leinöl

Reduzieren Sie den Anteil tierischer Fette zu Gunsten der pflanzlichen. Vorsicht bei Fleisch, Wurst und Fisch, sie enthalten oft große Mengen an versteckten Fetten. Bevorzugen Sie magere Sorten. Ihre Figur dankt es Ihnen.

Zubereitungszeit 50 Minuten

❶ Die Kartoffeln mit Schale in kochendem Wasser mit Kümmel in etwa 20 Minuten weich kochen.

❷ Die Zwiebel und die Knoblauchzehe abziehen und fein würfeln. Schnittlauch waschen und in Röllchen schneiden.

❸ Den Magerquark mit der Milch verrühren und mit Meersalz und Pfeffer würzen. Die Zwiebel- und Knoblauchwürfel und die Schnittlauchröllchen unterrühren.

❹ Die Kartoffeln pellen und mit dem Schnittlauchquark anrichten. Mit dem Leinöl beträufeln.

► **Pro Portion**
1286/308 kJ/kcal • 20,3 g Eiweiß
9,2 g Fett • 31,3 g Kohlenhydrate
4,5 g Ballaststoffe • 2,6 BE

Gebratene Zucchini

Für 1 Portion
100 g Zucchini
1 TL Schneekoppe Distelöl
20 g Schneekoppe Pikanter Aufstrich Tsatsiki-Geschmack
1 EL Vollmilchjoghurt

Zubereitungszeit 15 Minuten

❶ Die Zucchini waschen, putzen und in Scheiben schneiden.

❷ Das Distelöl in einer beschichteten Pfanne erhitzen und die Zucchinischeiben darin von beiden Seiten in etwa 5 Minuten goldgelb braten.

❸ Den Tsatsiki-Aufstrich mit dem Joghurt verrühren und zu den Zucchinischeiben reichen.

► **Pro Portion**
471/113 kJ/kcal • 2,7 g Eiweiß
9,4 g Fett • 3,4 g Kohlenhydrate
1,3 g Ballaststoffe • 0,3 mg BE

Basilikumkartoffeln

Für 1 Portion
200 g Kartoffeln
2 Tomaten
1 Knoblauchzehe
1/2 Bund Basilikum
1 TL Schneekoppe Distelöl
20 g Edamer (30 % Fett i.Tr.)

Zubereitungszeit 35 Minuten

❶ Die Kartoffeln mit Schale in kochendem Salzwasser 20 Minuten garen.

❷ Die Tomaten mit kochendem Wasser überbrühen, abschrecken, häuten und würfeln. Knoblauch abziehen und würfeln. Basilikumblätter in Streifen schneiden und mit Tomaten, Knoblauch und Distelöl vermischen.

❸ Kartoffeln halbieren, Tomaten-Basilikum-Masse darauf geben, mit Edamer-Käse belegen und im vorgeheizten Backofen bei 200 °C (Umluft 180 °C, Gas Stufe 3) etwa 10 Minuten überbacken.

► **Pro Portion**
1260/301 kJ/kcal • 11,2 g Eiweiß
8,8 g Fett • 39,4 g Kohlenhydrate
7,6 g Ballaststoffe • 3,3 BE

TIP

Stellen Sie im Sommer Ihren Basilikumtopf auf den sonnigen Balkon, er wird es Ihnen mit kräftigem Wuchs und noch würzigeren Blättern danken. Doch der wärmeliebenden Pflanze wird es auch schnell wieder zu kalt: Bei weniger als 15 °C stellt sie ihr Wachstum bereits ein!

TIP

Probieren Sie ein kleines Stückchen Matjesfilet, nachdem Sie es kalt abgespült haben: Ist es immer noch zu salzig, legen Sie die Filets vor dem Servieren für 1 Stunde in Mineralwasser, Milch oder Buttermilch ein. Das macht den Geschmack milder, aber nicht fad.

Geflügelleber auf Feldsalat - dieses ausgesprochene Feinschmeckerrezept verlangt unbedingt ganz frische Zutaten ***(Seite 97).***

Geflügelleber auf Feldsalat

Für 4 Portionen

500 g Geflügelleber
1 Zwiebel, 2 Zweige Thymian
2 EL Schneekoppe Sonnenblumenöl
150 g Feldsalat
2 EL Schneekoppe Obstessig
Schneekoppe Meersalz
3 EL Schneekoppe Distelöl
frisch gemahlener Pfeffer, Curry
4 Scheiben Toastbrot (à 25 g)

Zubereitungszeit 30 Minuten

❶ Geflügelleber waschen und trockentupfen. Zwiebel abziehen und würfeln. Thymianzweige waschen und die Blättchen von den Stielen zupfen.

❷ Leber und Zwiebelwürfel im heißen Sonnenblumenöl anbraten. 50 Milliliter Wasser und den Thymian zufügen und alles 10 Minuten schmoren.

❸ Feldsalat waschen, putzen und auf Tellern anrichten. Aus Obstessig, 2 Esslöffeln Wasser, Meersalz, Pfeffer und Distelöl eine Marinade rühren und über den Salat geben.

❹ Leber mit Meersalz, Pfeffer und Curry würzen und auf dem Salat verteilen. Dazu goldgelb geröstetes Toastbrot reichen.

► Pro Portion

1645/394 kJ/kcal • 29,2 g Eiweiß
21,8 g Fett • 14,8 g Kohlenhydrate
1,5 g Ballaststoffe • 1,2 BE

Matjes »Hausmannsart«

Für 4 Portionen

8 Matjesfilets
3 Zwiebeln, 1 großer Apfel
2 Gewürzgurken
300 g Magerjoghurt
200 g Sauerrahm
1 EL Magerquark
Schneekoppe Meersalz, Pfeffer
Schneekoppe Süßkraft flüssig
1/2 Bund Dill

Zubereitungszeit 20 Minuten

❶ Matjes unter kaltem Wasser abspülen, trockentupfen.

❷ Für die Sauce Zwiebeln abziehen, in Ringe schneiden. Apfel waschen, vierteln, das Kerngehäuse herausschneiden. Apfelviertel und Gurken in Scheibchen schneiden. Joghurt, Sauerrahm und Quark verrühren, mit Salz, Pfeffer und Süßkraft abschmecken und unter die übrigen Zutaten ziehen. Mit Dill garnieren.

► Pro Portion

1971/471 kJ/kcal • 35,6 g Eiweiß
30,3 g Fett • 12,6 g Kohlenhydrate
2,2 g Ballaststoffe • 1,1 BE

TIP

Ernährungswissenschaftler empfehlen, bei den sehr umstrittenen, bei Kindern wie Erwachsenen aber heiß geliebten Fischstäbchen zumindest darauf zu achten, dass man Markenware großer Hersteller kauft. Dann hat man noch eher als bei Billiganbietern die Chance, keine in Form gepressten minderwertigen Fischabfälle zu bekommen.

Fischstäbchen mit Gurkenremoulade

Für 1 Portion

- 4 tiefgefrorene Fischstäbchen
- 1 EL Schneekoppe Sonnenblumenöl
- 50 g Salatgurke
- 50 g Schneekoppe Pikanter Aufstrich Tsatsiki-Geschmack
- 1 EL Dickmilch (1,5 % Fett)
- 2 Zweige Dill
- 1 Scheibe Bauernbrot (40 g)

Zubereitungszeit 10 Minuten

❶ Fischstäbchen unaufgetaut in einer beschichteten Pfanne in Sonnenblumenöl von beiden Seiten je 5 Minuten braten.

❷ Salatgurke waschen und grob raspeln. Mit Tsatsiki-Aufstrich und Dickmilch verrühren. Dill waschen, hacken und unterrühren.

❸ Fischstäbchen mit der Gurkenremoulade und dem Bauernbrot anrichten.

► **Pro Portion**
2152/515 kJ/kcal • 21,3 g Eiweiß
29,8 g Fett • 34,8 g Kohlenhydrate
3,8 g Ballaststoffe • 2,9 BE

Marinierte Rippchen

Für 4 Portionen

- 1 Zweig Thymian
- 1 EL Senfpulver
- 1/2 TL Schneekoppe Meersalz
- frisch gemahlener Pfeffer
- 5 EL Schneekoppe Distelöl
- 1 TL Tomatenmark
- 1 EL Schneekoppe Extra-Auslese Honig
- 3 EL Schneekoppe Obstessig
- 1,2 kg Rippchen vom Schwein
- 1 Kopfsalat
- 4 Scheiben Bauernbrot (à 40 g)

Zubereitungszeit 100 Minuten

❶ Thymian waschen und die Blättchen von den Stielen zupfen. Mit Senfpulver, Meersalz, Pfeffer, 3 Esslöffeln Distelöl, Tomatenmark, Honig und 1 Esslöffel Obstessig verrühren.

❷ Rippchen waschen und trockentupfen. Von allen Seiten mit der Marinade bestreichen und mindestens 30 Minuten ziehen lassen.

❸ Im vorgeheizten Backofen bei einer Temperatur von 200 °C (Umluft 180 °C, Gas Stufe 3) 60 bis 70 Minuten schmoren.

❹ Salat waschen, putzen und in kleine Stücke zupfen. Marinade aus restlichem Obstessig, Meersalz, Pfeffer und restlichem Distelöl zubereiten und über den Salat geben. Mit Bauernbrot und den heißen Rippchen servieren.

► **Pro Portion**
2126/507 kJ/kcal • 32,8 g Eiweiß
29 g Fett • 21 g Kohlenhydrate
2,8 g Ballaststoffe • 1,8 BE

Überbackene Putenschnitzel

Für 4 Portionen

- 400 g Champignons oder Egerlinge
- 5 EL Schneekoppe Sonnenblumenöl
- Schneekoppe Meersalz
- 4 Putenschnitzel (à 120 g)
- frisch gemahlener Pfeffer
- 4 EL trockener Weißwein
- 1 Mozzarella (125 g)

Zubereitungszeit 55 Minuten
Arbeitszeit 30 Minuten

❶ Pilze abreiben, putzen und blättrig schneiden. 2 Esslöffel Sonnenblumenöl in einer Pfanne erhitzen und die Pilze darin einige Minuten unter Rühren anbraten. Mit Meersalz würzen.

❷ Die Schnitzel waschen und trockentupfen. In einer zweiten Pfanne 2 Esslöffel Sonnenblumenöl erhitzen und die Schnitzel darin etwa 10 Minuten auf beiden Seiten braten. Nach Belieben salzen und pfeffern.

❸ Eine flache Auflaufform mit 1 Esslöffel Sonnenblumenöl ausstreichen und die Schnitzel hineinlegen.

❹ Den Bratensatz mit dem Weißwein ablöschen. Mozzarella in Scheiben schneiden. Die Pilze über die Schnitzel verteilen, mit den Mozzarellascheiben belegen und mit dem Bratenfond übergießen.

❺ Die Schnitzel im Grill oder im vorgeheizten Backofen bei 225 °C (Umluft 205 °C, Gas Stufe 4) überbacken, bis der Käse geschmolzen und leicht gebräunt ist.

► **Pro Portion**
1540/368 kJ/kcal • 37,1 g Eiweiß
22,6 g Fett • 0,7 g Kohlenhydrate
1,7 g Ballaststoffe • 0 BE

Der Thymian ist Gewürz- und Heilpflanze zugleich. Mit seinem ätherischen Öl Thymol wirkt er desinfizierend und antibakteriell, was den Thymiantee besonders wertvoll zur Vorbeugung gegen Erkältungen und Halsentzündungen macht. Er unterstützt die Verdauung nach fettem Essen und beruhigt den nervösen Magen – und nicht zuletzt ist sein würziges Aroma bei vielen Speisen das Tüpfelchen auf dem i!

TIP

Wem der Rotkohl ganz roh zu hart ist, der kann den bereits in Streifen geschnittenen Kohl kurz mit heißem Wasser übergießen. Dabei werden jedenfalls weit weniger der wertvollen Inhaltsstoffe zerstört, als das beim langen Kochen der Fall ist.

Am besten im Herbst, mit feldfrischem Rotkohl und reifen, saftigen Birnen – der Rotkohl-Birnen-Salat lässt sich aber auch das ganze Jahr über zubereiten (Seite 101).

Rotkohl-Birnen-Salat

Für 4 Portionen

500 g Rotkohl, 1/2 Zwiebel
30 g Pinienkerne
5 EL Schneekoppe Distelöl
2 1/2 EL Schneekoppe Obstessig
Schneekoppe Süßkraft flüssig
Schneekoppe Meersalz, Pfeffer
1 Birne (125 g)
300 g Putenbrust-Aufschnitt
8 Scheiben Knäckebrot, 50 g Butter

Zubereitungszeit 50 Minuten

1. Rotkohl putzen und in Streifen schneiden. Zwiebel abziehen, würfeln und unter den Rotkohl mischen.

2. Pinienkerne in einer trockenen Pfanne goldgelb rösten. Öl, Obstessig, Süßstoff, Salz und Pfeffer verrühren. Über den Kohl geben.

3. Birne waschen, putzen, in Stücke schneiden. Birne und Pinienkerne unter den Salat mischen.

4. Salat auf Putenbrustscheiben verteilen, zu Tüten formen und mit Holzstäbchen feststecken. Anrichten und Knäckebrot und Butter dazu reichen.

► Pro Portion

1450/346 kJ/kcal • 13,3 g Eiweiß
21,3 g Fett • 21 g Kohlenhydrate
7,2 g Ballaststoffe • 1,8 BE

Champignonsalat

Für 4 Portionen

8 Scheiben Vollkornbrot
4 Eier
4 EL Magermilch
Schneekoppe Meersalz
frisch gemahlener Pfeffer
2 EL Schneekoppe Sonnenblumenöl
2 Bund Radieschen
400 g Champignons
1 Kopfsalat, 250 g Magerquark
1 TL Tomatenmark, 6 EL Magermilch
1 EL Schneekoppe Sonnenblumenöl
1 EL Schneekoppe Obstessig

Zubereitungszeit 20 Minuten

1. Brot in Würfel schneiden. Eier und Milch verquirlen und mit Salz und Pfeffer würzen. 2 Esslöffel Öl erhitzen, die Brotwürfel in der Eimischung wenden und in dem heißen Öl goldgelb braten.

2. Radieschen, Champignons und Salat waschen, klein schneiden.

3. Quark mit Tomatenmark, Milch, Öl und Essig zu einer Salatsauce verrühren und mit Salz und Pfeffer abschmecken. Salatzutaten mit der Salatsauce übergießen.

► Pro Portion

1722/411 kJ/kcal • 25,5 g Eiweiß
17,0 g Fett • 37,8 g Kohlenhydrate
9,9 g Ballaststoffe • 3,1 BE

Pochierte Eier mit Brokkoli

Besonders in den USA wurde Brokkoli von Ernährungswissenschaftlern zu einem der bekanntesten Heilgemüse gemacht: Dieser grüne Spargelkohl steht an erster Stelle bei der Vorbeugung gegen Arteriosklerose und Krebserkrankungen.

Für 4 Portionen

- 600 g Brokkoli
- Schneekoppe Meersalz
- Schneekoppe Obstessig
- 4 Eier
- 250 g Schmand
- Pfeffer, Cayennepfeffer
- 1 Bund Estragon
- 200 g Baguette

Zubereitungszeit 25 Minuten

❶ Brokkoli waschen, putzen, in Röschen teilen und den Strunk klein schneiden. In wenig Wasser mit Meersalz maximal 15 Minuten dünsten.

❷ Reichlich Wasser mit Obstessig und Meersalz aufkochen. Eier einzeln in eine Kelle schlagen, vorsichtig in das Wasser gleiten und 5 bis 7 Minuten sieden lassen.

❸ Schmand erhitzen, mit Meersalz, Pfeffer und Cayennepfeffer würzen. Estragon waschen, fein hacken und unter den Schmand rühren.

❹ Brokkoli, pochierte Eier und Schmandsauce anrichten und dazu warmes Baguette reichen.

► **Pro Portion**

1672/399 kJ/kcal • 17 g Eiweiß
20,2 g Fett • 32,1 g Kohlenhydrate
4,5 g Ballaststoffe • 2,7 BE

Überbackener Toast

Für 4 Portionen

- 4 Scheiben Rinderfilet (500 g)
- 2 EL Schneekoppe Sonnenblumenöl
- Schneekoppe Meersalz
- frisch gemahlener Pfeffer
- 4 Scheiben Toastbrot, 3 Tomaten
- 20 g Schneekoppe Pikanter Aufstrich Paprika
- 60 g Gouda (30 % Fett i.Tr.)
- einige Salatblätter
- 2 Zweige Salbei

Zubereitungszeit 15 Minuten

❶ Das Rinderfilet waschen, sorgfältig trockentupfen und im heißen Sonnenblumenöl von beiden Seiten jeweils 3 Minuten braten. Mit Meersalz und Pfeffer würzen.

❷ Toastbrot goldgelb rösten. Tomaten waschen und in Scheiben schneiden.

❸ Toastbrot mit Paprika-Aufstrich bestreichen. Steaks, Tomatenscheiben und Käse darauf legen.

❹ Unter einem vorgeheizten Grill 2 Minuten überbacken. Auf Salatblättern anrichten und mit Salbei dekorativ garnieren.

► **Pro Portion**
1542/370 kJ/kcal • 34,1 g Eiweiß
16,8 g Fett • 14 g Kohlenhydrate
1,4 g Ballaststoffe • 1,2 BE

Möhrensuppe

Für 4 Portionen

40 g Butter, 40 g Mehl
1/2 l Schneekoppe Möhrensaft
1/2 l Instant-Gemüsebrühe
Schneekoppe Meersalz
frisch gemahlener Pfeffer
Muskatnuss
2 Zweige Liebstöckel
2 EL Crème fraîche
1 EL Schneekoppe Speise-Leinöl

Zubereitungszeit 15 Minuten

❶ Die Butter erhitzen und das Mehl darin goldgelb anschwitzen. Mit dem Möhrensaft und der Gemüsebrühe langsam unter ständigem Rühren ablöschen und auf kleiner Flamme 5 Minuten köcheln lassen.

❷ Die Möhrensuppe mit Meersalz, Pfeffer und Muskat kräftig würzen. Liebstöckel waschen, trockentupfen, Blätter von den Stielen zupfen und in Streifen schneiden.

❸ Crème fraîche und Leinöl verrühren. Die Suppe in tiefe Teller füllen, jeweils einen Klecks Crème fraîche mit Leinöl in die Mitte geben und mit Liebstöckel garnieren.

► **Pro Portion**
990/236 kJ/kcal • 3,2 g Eiweiß
16,5 g Fett • 17,1 g Kohlenhydrate
2,7 g Ballaststoffe • 1,4 BE

TIP

Diese schnelle Suppe können Sie im Handumdrehen aus dem Vorrat kochen, wenn überraschend hungriger Besuch kommt.

Zum Nachtisch etwas Süßes

Quarkmaultaschen mit Aprikosenkompott

Für 4 Portionen

Teig:
- 120 g Mehl
- 2 Eier
- 1 EL Schneekoppe Distelöl
- Schneekoppe Meersalz

Kompott:
- 500 g Aprikosen
- 1 Stück Zimtstange, 2 Sternanis

Füllung:
- 125 g Magerquark
- Schneekoppe Süßkraft flüssig
- abgeriebene Schale von 1/2 unbehandelten Orange
- 2 EL Puddingpulver (Vanillegeschmack)
- Mehl zum Ausrollen

Zubereitungszeit 90 Minuten

❶ Mehl, 1 Ei, Distelöl und eine Prise Meersalz zu einem glatten Teig verkneten. In Folie wickeln und 1 Stunde ruhen lassen.

❷ Aprikosen waschen, entsteinen und in Spalten schneiden. 1/4 Liter Wasser mit Zimt und Sternanis aufkochen. Aprikosen darin 5 Minuten dünsten. Mit einem Spritzer Süßkraft abschmecken.

❸ Magerquark mit Süßkraft, Orangenschale, restlichem Ei und Puddingpulver verrühren.

❹ Teig auf einer bemehlten Fläche sehr dünn ausrollen und Kreise von 10 Zentimeter Durchmesser ausstechen. Je 1 Teelöffel Quark in die Mitte geben und die Teigränder über der Füllung gut zusammendrücken.

❺ Maultaschen in siedendem Wasser 10 Minuten ziehen lassen. Mit einem Schaumlöffel herausheben, abtropfen lassen und mit dem Aprikosenkompott servieren.

► **Pro Portion**

1286/307 kJ/kcal • 12,8 g Eiweiß
6,9 g Fett • 43,3 g Kohlenhydrate
3,2 g Ballaststoffe • 3,6 BE

TIP

Greifen Sie außerhalb der Aprikosensaison lieber nicht zu Dosenware, da sie im Vergleich zu den frischen Früchten nur ein Minimum an Vitaminen und anderen Biostoffen enthält. Die Quarkmaultaschen schmecken hervorragend auch mit einem Kompott aus Süß- oder Sauerkirschen oder – während des übrigen Jahres – mit Apfelkompott aus mürben, säuerlichen Früchten wie etwa Boskop, Cox Orange oder Gravensteiner.

Unterschätzen Sie die Gewürze nicht! Ebenso wie die übrigen Lebensmittel in unseren Speisen, kommen ihnen vielfältige heilsame Wirkungen zu, die wir in der Küche ausnützen sollten. So wirkt Zimt anregend, stimmungsaufhellend und Kreislauf und Herz stabilisierend. Sternanis aus dem südlichen China enthält wie sein Namensvetter Anis das ätherische Öl Anethol, das vor allem bei Verdauungsstörungen und nervöser Erschöpfung hilft.

Kiwi-Kaltschale

Bereiten Sie Kiwispeisen niemals mit Gelatine zu! Verschiedene Obstsorten enthalten Eiweiß spaltende Enzyme, die verhindern, dass Gelatine geliert – sie wird im Gegenteil flüssig und stockt nicht. Neben der Kiwi gehört dazu auch die Ananas. Bei Dosenfrüchten ist dieses Ferment allerdings – wie so viele andere Inhaltsstoffe – zerstört.

Für 4 Portionen

1/8 l Vollmilch
50 g Grieß
1 Ei
Schneekoppe Süßkraft flüssig
1 Messerspitze Safran
2 EL gehackte Pistazien
1 EL Schneekoppe Diät-Konfitüre Sauerkirsche
15 Kiwis
1 Flasche Mineralwasser (0,7 l)

Zubereitungszeit 30 Minuten

❶ Milch aufkochen, Grieß zufügen und 5 Minuten quellen lassen.

❷ Grieß in eine Schüssel geben, Ei und Süßkraft unterrühren. Grießmasse dritteln und unter je ein Grießdrittel Safran, Pistazien und Konfitüre heben.

❸ Mit einem Teelöffel kleine Klößchen abstechen und in siedendem Wasser 5 Minuten garen. Vorsichtig herausnehmen, abtropfen und abkühlen lassen.

❹ Kiwis schälen, klein schneiden und mit Mineralwasser im Mixer pürieren. Durch ein Sieb streichen und mit Süßstoff abschmecken.

❺ Kiwi-Mus auf vier tiefe Teller verteilen und die Klößchen dekorativ darauf anrichten.

► **Pro Portion**
929/222 kJ/kcal • 6,9 g Eiweiß
6,5 g Fett • 29,1 g Kohlenhydrate
4,8 g Ballaststoffe • 2,4 BE

Pflaumen-Trifle

Für 6 Portionen

1/2 l Vollmilch
1 Päckchen Puddingpulver Vanillegeschmack
50 g Schneekoppe Diabetiker-Süße
6 Stück Schneekoppe Zwieback
5-6 EL trockener Sherry
2 EL Schneekoppe Diät-Pflaumenmus
500 g Pflaumen
125 g Sahne
2 TL gehackte Pistazien

Zubereitungszeit 35 Minuten

❶ 4 Esslöffel Milch und das Puddingpulver verrühren. Restliche Milch aufkochen und das angerührte Puddingpulver einrühren. 1 Minute unter Rühren kochen lassen. Diabetiker-Süße einrühren.

❷ Zwieback mit Sherry beträufeln und mit Pflaumenmus bestreichen. Rand und Boden einer Glasschüssel damit auslegen.

❸ Pflaumen waschen und entsteinen. Die Hälfte der Pflaumen in die Schüssel geben. Lauwarmen Pudding nochmals durchrühren und auf die Pflaumen füllen.

❹ Sahne steif schlagen, Rosetten auf den erkalteten Pudding spritzen. Mit den restlichen Pflaumen belegen und die gehackten Pistazien darüber streuen.

► **Pro Portion**
1074/256 kJ/kcal • 4,6 g Eiweiß
10,8 g Fett • 33,6 g Kohlenhydrate
2 g Ballaststoffe
2,8 BE

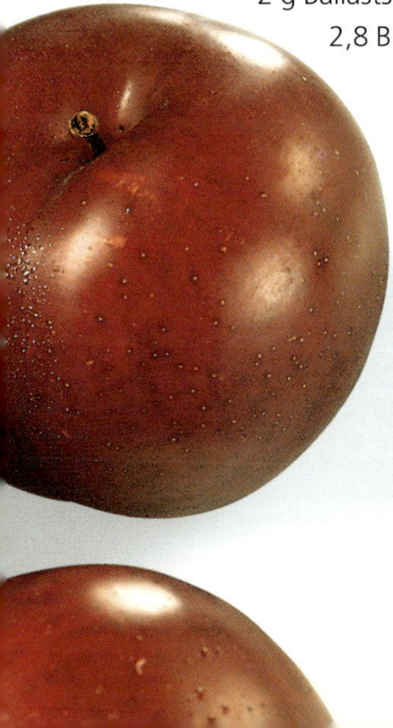

Himbeerkaltschale

Für 2 Portionen

300 g Himbeeren
1/4 l Apfelsaft
1 TL Speisestärke
Schneekoppe Süßkraft flüssig
1 Eiweiß
1 EL Schneekoppe Diabetiker-Süße

Zubereitungszeit 25 Minuten

❶ Himbeeren verlesen. 2 Esslöffel Apfelsaft beiseite stellen, den Rest mit den Himbeeren aufkochen. Beeren pürieren und durch ein Sieb streichen.

❷ Speisestärke mit restlichem Apfelsaft glattrühren. Himbeermus aufkochen, mit der Stärke binden, mit Süßkraft abschmecken und in zwei tiefen Tellern erkalten lassen.

❸ Eiweiß mit der Diabetikersüße steif schlagen. In einem breiten Topf Wasser zum Sieden bringen. Mit einem Teelöffel Eiweißklößchen abstechen und zugedeckt 5 Minuten ziehen lassen.

❹ Die Schneeklößchen auf der Himbeerkaltschale anrichten.

► **Pro Portion**
274/66 kJ/kcal • 1,9 g Eiweiß
0,4 g Fett • 13,8 g Kohlenhydrate
6,2 g Ballaststoffe • 1,2 BE

TIP

Der Vorteil der Diabetiker-Süße ist nicht nur ihr geringer Kaloriengehalt, sondern auch, dass sie langsamer resorbiert wird als der normale Zucker.

Kartoffelpudding mit Hagebuttensauce

Für 4 Portionen

Kartoffelpudding:
250 g Kartoffeln
50 g Mandeln, 1 Limette
50 g Butter
4 EL Schneekoppe Fruchtzucker
2 Eier
1 EL Grieß
Fett für die Form
Grieß zum Ausstreuen

Hagebuttensauce:
500 g Hagebutten
1 Zimtstange
3 EL Schneekoppe Diät-Konfitüre Hagebutte
1 EL Kartoffelstärke

Zubereitungszeit 90 Minuten

❶ Kartoffeln mit Schale etwa 20 Minuten kochen, pellen und durch die Presse drücken. Mandeln fein mahlen. Limettenschale abreiben.

❷ Butter und Fruchtzucker schaumig schlagen. Eier trennen. Eigelbe unter die Butter rühren.

❸ Grieß, Mandeln, Kartoffeln, Limettenschale und steif geschlagenes Eiweiß unterheben.

❹ Teig in eine gefettete, mit Grieß ausgestreute Puddingform füllen und verschließen. Im heißen Wasserbad (Form muß zu 3/4 der Höhe im Wasser stehen) 40–45 Minuten garen.

❺ Hagebutten waschen, putzen, entkernen und mit 1/2 Liter Wasser aufkochen. Zimtstange und Hagebuttenkonfitüre zufügen und die Mischung weitere 30 Minuten kochen lassen.

❻ Zimtstange entfernen, Hagebutten durch ein Sieb streichen, aufkochen, Kartoffelstärke mit wenig Wasser verrühren und die Sauce damit binden. Zum Kartoffelpudding servieren.

► **Pro Portion**
2072/493 kJ/kcal • 11,3 g Eiweiß
24,9 g Fett • 49,5 g Kohlenhydrate
26,2 g Ballaststoffe • 4,1 BE

TIP

Außerhalb der Saison und wenn Ihnen die aufwendige Verarbeitung von frischen Hagebutten zu lange dauert, greifen Sie am besten zu zuckerfreiem Hagebuttenmark aus dem Reformhaus oder einem Naturkostladen.

Bereiten Sie den Kartoffelpudding als süßes Hauptgericht für die ganze Familie zu, auch Ihre Kinder werden begeistert sein (Seite 109)!

Variante

Himbeersauce

Zu Kartoffelpudding schmeckt auch Himbeersauce ausgezeichnet. Dafür 500 Gramm frische oder tiefgekühlte Himbeeren im Mixer pürieren. Mit 2 Esslöffeln Schneekoppe Fruchtzucker so lange rühren, bis sich der Zucker aufgelöst hat und die Masse glänzt. Himbeersauce mit einigen Tropfen Zitronensaft abschmecken.

Früchtetee-Reis

So sollte Ihre Nährstoffverteilung über den Tag aussehen: 50–60 Prozent vorzugsweise ballaststoffreiche Kohlenhydrate, 30 Prozent Fett, davon höchstens ein Drittel in Form gesättigter Fettsäuren, 10–20 Prozent Eiweiß.

Für 4 Portionen

3 EL roter Früchtetee
125 g Milchreis
2 EL Schneekoppe Extra-Auslese-Honig
1 EL Schneekoppe Schwarzer Johannisbeer-Trunk
2 gehäufte EL Pistazien
4 Kiwis

Zubereitungszeit 60 Minuten

1 Den Früchtetee mit 375 Milliliter kochendem Wasser aufgießen, 10 Minuten ziehen lassen und anschließend abseihen.

2 Tee zum Kochen bringen. Milchreis, Honig und Johannisbeer-Trunk hineingeben und bei geringer Hitze 20 Minuten quellen lassen. Danach erkalten lassen.

3 Pistazien klein hacken. Kiwis schälen, in Scheiben schneiden und mit dem Früchtetee-Reis auf Tellern anrichten. Mit den gehackten Pistazien bestreuen.

► **Pro Portion**

465/110 kJ/kcal • 1,9 g Eiweiß
3,5 g Fett • 16,3 g Kohlenhydrate
1,8 g Ballaststoffe • 1,4 BE

Exotik-Quark

Für 1 Portion

2 Schneekoppe Müslikekse
100 g Magerquark
2 TL Schneekoppe Diät-Konfitüre Exotik
3 Kapstachelbeeren

Zubereitungszeit 20 Minuten

❶ Die Kekse in eine Plastiktüte füllen, mit dem Nudelholz zerdrücken und mit Magerquark und Exotik-Konfitüre verrühren.

❷ Die Hüllen der Kapstachelbeeren entfernen und den Quark mit den Früchten verzieren.

► Pro Portion
685/163 kJ/kcal • 14,2 g Eiweiß
2,5 g Fett • 18,6 g Kohlenhydrate
1,7 g Ballaststoffe • 1,5 BE

Bunter Früchteteller

Für 4 Portionen

- 3 kleine Bananen (à 100 g)
- 1 Karambole (Sternfrucht)
- 250 g Erdbeeren
- 2 Kiwis
- 1 Baby-Ananas
- 1 Galia-Melone
- Schneekoppe Süßkraft flüssig
- 2 TL Schneekoppe Leinsamen geschrotet

Zubereitungszeit 50 Minuten

❶ Bananen schälen, durchschneiden und längs halbieren. Karambole waschen und quer in Scheiben schneiden.

❷ Erdbeeren waschen, putzen und halbieren. Kiwis schälen und in Scheiben schneiden. Baby-Ananas schälen, vom Strunk befreien und in Stücke schneiden. Melone halbieren, Kerne entfernen und mit einem Kugelausstecher Kugeln daraus formen.

❸ Die Früchte dekorativ auf großen Tellern anrichten, eventuell mit etwas Süßkraft beträufeln und mit Leinsamen bestreuen.

► Pro Portion
596/143 kJ/kcal • 3,1 g Eiweiß
2,5 g Fett • 24,5 g Kohlenhydrate
6,1 g Ballaststoffe • 2 BE

TIP

Die fünfeckige Karambole hat ein sehr aromatisches, säuerliches Fruchtfleisch und enthält viel Vitamin C. Man schätzt sie jedoch vor allem auch wegen der dekorativen Wirkung ihrer sternförmigen Fruchtscheiben. Sollten Sie diese exotische Frucht nicht bekommen, ersetzen Sie sie durch anderes Obst, etwa Beeren, oder lassen Sie sie einfach weg.

TIP

Waffeln für den Vorrat frieren Sie am besten ein. Sie lassen sich bei milder Hitze im Backofen (50 °C, Umluft 30 °C, Gas Stufe 1) hervorragend auftauen und werden dann wieder knusprig.

Am besten frisch und knusprig aus dem Waffeleisen – duftende Vollkornwaffeln mit Sahne und Beeren. *(Seite 113).*

Vollkornwaffeln

Für 6 Portionen

150 g Butter
70 g Schneekoppe Fruchtzucker
3 Eier, 200 g Vollkornmehl
1 TL Backpulver, 3/8 l Vollmilch
125 g Schneekoppe Diät-Konfitüre-Extra Waldfrucht
100 g Heidelbeeren
Schneekoppe Sonnenblumenöl
200 g Sahne

Zubereitungszeit 55 Minuten

❶ Butter und Fruchtzucker schaumig rühren. Eigelbe zufügen. Mehl, Backpulver und Milch unterrühren. 30 Minuten ruhen lassen, Eischnee unterziehen.

❷ Konfitüre erhitzen. Heidelbeeren in der Konfitüre erwärmen. Abkühlen lassen.

❸ Waffeleisen vorheizen, mit Öl bestreichen und 1/6 der Teigmasse einfüllen. 3–4 Minuten backen. Die restlichen fünf Waffeln genauso backen.

❹ Sahne steif schlagen und mit der Konfitüre zu den Waffeln reichen.

► Pro Portion

2618/624 kJ/kcal • 11,1 g Eiweiß
40,4 g Fett • 48,5 g Kohlenhydrate
4 g Ballaststoffe • 4 BE

Grapefruitgelee mit Vanillesauce

Für 4 Portionen

8 Blatt weiße Gelatine
4 rosa Grapefruits
1/2 TL Ingwerpulver
Schneekoppe Süßkraft flüssig
1 EL Vanillepuddingpulver
1/2 l Magermilch

Zubereitungszeit 3 Stunden
Arbeitszeit 30 Minuten

❶ Die Gelatine in kaltem Wasser einweichen. Grapefruits auspressen und 1/2 Liter Saft abmessen. Grapefruitsaft mit Ingwerpulver und Süßkraft abschmecken. Gelatine im Wasserbad auflösen und unter den Grapefruitsaft rühren. In 4 Förmchen füllen und im Kühlschrank 3 Stunden fest werden lassen.

❷ Puddingpulver mit 4 Esslöffeln Milch glattrühren, restliche Milch erhitzen. Angerührtes Puddingpulver einrühren und aufkochen lassen. Vanillesauce süßen, erkalten lassen.

❸ Das Grapefruitgelee auf Teller stürzen und mit der Vanillesauce umgießen.

► Pro Portion

552/132 kJ/kcal • 8,5 g Eiweiß
0,3 g Fett • 19,4 g Kohlenhydrate
0,1 g Ballaststoffe • 1,6 BE

Heidel-
beer

Obstsalat

Schwangere sollten Ananas und ihren Saft meiden, da hohe Dosen eine Fehlgeburt auslösen können. Sehr wohltuend wirkt die Ananas aber bei Menschen mit chronischer Verstopfung und Magensaftmangel: Eine Scheibe frische, reife Ananas oder zwei Gläschen Ananassaft von der frischen Frucht, vor einer Mahlzeit getrunken, regeln Verdauungsprobleme auf natürliche Art.

Für 4 Portionen

1 Birne
1 Blutorange
1/2 Ananas
200 g gemischte Beeren (Erdbeeren, Himbeeren, Heidelbeeren)
1 Limette
2 EL Schneekoppe Fruchtzucker

Zubereitungszeit 30 Minuten

❶ Die Birne waschen, vierteln, das Kerngehäuse entfernen und die Viertel in Stücke schneiden. Die Blutorange schälen und in dünne Scheiben oder Spalten schneiden.

❷ Die Ananas in Scheiben schneiden, schälen und den harten Mittelstrunk herausschneiden. Anschließend die Scheiben in Stücke schneiden.

❸ Beeren verlesen, kurz waschen und die Stielansätze der Erdbeeren entfernen. Alle Obstsorten vorsichtig vermischen.

❹ Die Limette auspressen, den Saft mit Fruchtzucker verrühren und über den Obstsalat geben.

► **Pro Portion**
511/122 kJ/kcal • 1,3 g Eiweiß
0,6 g Fett • 25,3 g Kohlenhydrate
3,4 g Ballaststoffe • 2,1 BE

Vanilleeis

Für 20 Portionen (Kugeln)

1 Vanilleschote
50 ml Vollmilch
2 Eier
2 Eigelbe
80 g Schneekoppe Diabetiker-Süße
400 g Sahne

Zubereitungszeit 5 Stunden
Arbeitszeit 40 Minuten

1. Vanilleschote längs halbieren und das Mark herausschaben. Schote und Mark in die Milch geben und aufkochen. Etwa 10 Minuten abkühlen lassen, anschließend die Schote entfernen.

2. Eier, Eigelbe, Diabetiker-Süße und Vanillemilch über einem Wasserbad cremig schlagen. Sobald die Masse dicklich wird, vom Herd nehmen und abkühlen lassen. Sahne steif schlagen, unterheben und die Masse mindestens 4 Stunden gefrieren lassen.

► **Pro Portion (Kugel)**
379/91 kJ/kcal
1,6 g Eiweiß
7,6 g Fett
4,9 g Kohlenhydrate
0,1 g Ballaststoffe
0,4 BE

Sanddornjoghurt

Für 1 Portion

150 g Vollmilchjoghurt
1/2 EL Schneekoppe Sanddorn-Wildfrucht-Orangen-Zubereitung
1 EL Schneekoppe Weizenkleie
1 TL Limettensaft
1 EL Rosinen

Zubereitungszeit
35 Minuten

1. Den Joghurt mit der Sanddorn-Zubereitung, der Weizenkleie und dem Limettensaft verrühren. Etwa 30 Minuten durchziehen lassen.

2. Mit den Rosinen bestreuen und servieren.

► **Pro Portion**
1109/265 kJ/kcal • 7,2 g Eiweiß
5,4 g Fett • 44,5 g Kohlenhydrate
4,7 g Ballaststoffe
3,7 BE

TIP

Für fruchtige Eis-Varianten: Statt der Milch 150 Gramm Fruchtpüree aus Erdbeeren, Aprikosen, Himbeeren oder Heidelbeeren verwenden.

TIP

Wer auf den Weinbrand verzichten möchte, kann die Teemenge um 50 Milliliter erhöhen.

Teecreme

Für 6 Portionen

3 EL Schwarztee
6 Blatt weiße Gelatine
4 Eigelbe
75 g Schneekoppe Fruchtzucker
3 EL Weinbrand
3 Eiweiße, 200 g Sahne
4 Kiwis, goldene Zuckerperlen

Zubereitungszeit 4,5 Stunden
Arbeitszeit 50 Minuten

1. Tee mit 350 Milliliter kochendem Wasser aufgießen, 3 Minuten ziehen lassen und abseihen.

2. Gelatine in kaltem Wasser einweichen. Eigelbe und Fruchtzucker schaumig schlagen, Tee und Weinbrand zufügen, im heißen Wasserbad zu einer dicken Creme rühren. Gelatine ausdrücken, in der Teecreme auflösen. Die Creme kalt stellen.

3. Eiweiße und Sahne getrennt steif schlagen und unter die gelierende Creme heben. 4 Stunden kalt stellen.

4. Kiwis schälen, in Scheiben schneiden und mit einem Ausstecher Sterne daraus ausstechen. Auf Tellern anrichten. Aus der Teecreme mit einem Löffel Nocken stechen und auf den Kiwisternen dekorativ anrichten. Mit Zuckerperlen bestreuen.

Festlicher Abschluss des Weihnachtsmenüs oder leichtes Dessert für alle Tage: Die Teecreme schmeckt rund ums Jahr (Seite 117).

► Pro Portion
1041/248 kJ/kcal • 5,8 g Eiweiß
14,5 g Fett • 18,3 g Kohlenhydrate
0,8 g Ballaststoffe • 1,5 BE

Mousse au chocolat

Für 4 Portionen

100 g Schneekoppe Diätschokolade Zartbitter
1 EL Weinbrand, Rum oder Kaffee
1 Messerspitze Zimt
3 Eier
Schneekoppe Meersalz
20 g Schneekoppe Fruchtzucker

Zubereitungszeit 90 Minuten
Arbeitszeit 30 Minuten

1. Die Schokolade zerbröckeln und mit Weinbrand, Rum oder Kaffee und Zimt schmelzen lassen.

2. Eigelbe unter die flüssige Schokolade rühren. Eiweiße mit einer Prise Salz sehr steif schlagen, dabei den Fruchtzucker einrieseln lassen.

3. Eischnee unter die Schokomasse heben, 1 Stunde in den Kühlschrank stellen. Zum Servieren mit einem Esslöffel Nocken abstechen.

► Pro Portion
856/204 kJ/kcal • 8,6 g Eiweiß
7,6 g Fett • 22,4 g Kohlenhydrate
1,7 g Ballaststoffe • 1,8 BE

Müsliquark

TIP

Geschroteten Leinsamen nicht zu lange lagern, sonst wird das in ihm enthaltene wertvolle Leinöl ranzig. Er schmeckt dann nicht mehr so gut und kann den Magen reizen.

Für 4 Portionen

250 g Magerquark
30 g Schneekoppe Ballaststoff-Müsli
3 EL Schneekoppe Diät-Sirup
2 EL Schneekoppe Leinsamen geschrotet
6 Erdbeeren
1 Kiwi

Zubereitungszeit 15 Minuten

❶ Den Magerquark mit dem Ballaststoff-Müsli und dem Sirup verrühren. In Portionsschälchen füllen und mit Leinsamen bestreuen.

❷ Die Erdbeeren waschen, putzen und halbieren. Kiwi schälen und in dünne Scheiben schneiden. Müsliquark mit den Früchten verzieren.

► **Pro Portion**
661/157 kJ/kcal • 10,7 g Eiweiß
3,3 g Fett • 19,4 g Kohlenhydrate
4,2 g Ballaststoffe • 1,6 BE

Exotischer Obstsalat

Für 2 Portionen

2 frische Feigen
2 frische Datteln
1 kleine Mango
Saft von 1 Orange
1 EL Schneekoppe Diät-Sirup
1 EL Kürbiskerne
2 TL Schneekoppe Leinsamen geschrotet

Zubereitungszeit 20 Minuten

❶ Die Feigen waschen und in Scheiben schneiden. Die Datteln häuten, entkernen und längs in Streifen schneiden.

❷ Die Mango schälen, das Fruchtfleisch vom Stein schneiden und in mundgerechte Stücke teilen. Den Orangensaft mit dem Sirup verrühren.

❸ Das Obst auf Tellern anrichten und mit dem Orangensaft beträufeln, mit Kürbiskernen und Leinsamen bestreuen.

► **Pro Portion**
996/238 kJ/kcal • 4,1 g Eiweiß
4,5 g Fett • 42,9 g Kohlenhydrate
7,7 g Ballaststoffe • 3,5 BE

Himbeersorbet

Für 4 Portionen

- 3 EL roter Früchtetee
- 150 g Himbeeren
- 75 g Schneekoppe Diabetiker-Süße
- 1 EL Limettensaft

Zubereitungszeit 5 Stunden
Arbeitszeit 30 Minuten

❶ Den Früchtetee mit 1/4 Liter kochendem Wasser aufgießen, 8 Minuten zugedeckt ziehen lassen und anschließend abseihen. Erkalten lassen.

❷ Einige schöne Himbeeren beiseite legen, den Rest mit einem Schneidestab pürieren und durch ein feines Sieb streichen.

❸ Abgekühlten Früchtetee, Himbeerpüree, Diabetiker-Süße und Limettensaft verrühren und etwa 4 Stunden gefrieren lassen.

❹ Die Masse alle 30 Minuten mit dem Schneidestab des Handrührgerätes pürieren, damit sich keine harten Eiskristalle bilden. Wenn Sie eine elektrische Eismaschine haben, wird das Sorbet automatisch gerührt.

❺ Sorbet mit einem Löffel abstechen, in Portionsschalen anrichten und mit den übrigen Himbeeren garniert servieren.

► **Pro Portion**
247/59 kJ/kcal
0,5 g Eiweiß
0,1 g Fett
20,8 g Kohlenhydrate
2,7 g Ballaststoffe
1,7 BE

Frische, reife Mangos enthalten – ihre Farbe zeigt es Kennern bereits an – außerordentlich große Mengen an Provitamin A (Karotin), die weit über denen unseres einheimischen Rekordhalters, der Karotte, liegen. Dennoch sollten wir das aus unseren Breiten stammende Gemüse und Obst nicht vernachlässigen: Da die Exoten bei uns meist unreif geerntet in den Handel kommen, ist auch die Entfaltung der Biostoffe noch nicht abgeschlossen, so dass reifes heimisches Obst und Gemüse in der Realität doch nicht so schlecht abschneidet.

TIP

Verwenden Sie vor allem für Rezepte mit abgeriebener Zitronenschale nur unbehandelte Früchte. Leider kommen Zitrusfrüchte bei uns meist gespritzt, gewachst und oft auch noch begast in den Handel. Deshalb jede Zitrone vor dem Verbrauch heiß abwaschen und gründlich trockenreiben. Anschließend die Hände waschen!

Ein Dessert für ausgesprochene Süßschnäbel ist die exotisch-fruchtige Papaya-Kakao-Creme (Seite 121).

Papaya-Kakao-Creme

Für 4 Portionen

2 Papayas
100 ml Vollmilch
1 EL Kakao, 1/2 TL Ingwerpulver
1 Messerspitze Kardamom
6 Blatt weiße Gelatine
75 g Schneekoppe Diabetiker-Süße
Saft und Schale von 1 Zitrone
250 g Sahne

Zubereitungszeit 115 Minuten

❶ Papayas halbieren, die Kerne entfernen und das Fruchtfleisch vorsichtig herauslösen. Einige Stücke beiseite legen, den Rest pürieren.

❷ Milch, Kakao, Ingwer und Kardamom aufkochen. Gelatine in kaltem Wasser einweichen, ausdrücken und in der heißen Milch auflösen. Diabetiker-Süße, Zitronensaft und -schale und Papayapüree unterrühren. Kalt stellen.

❸ Sahne steif schlagen und unter die gelierende Masse heben. 1 Stunde kalt stellen und in einen Spritzbeutel mit Sterntülle füllen. Creme in die Papayaschalen spritzen und mit Fruchtstücken garnieren.

► **Pro Portion**

1246/298 kJ/kcal • 4,6 g Eiweiß
20,7 g Fett • 28,3 g Kohlenhydrate
3 g Ballaststoffe • 2,4 BE

Geleering mit Lychees

Für 4 Portionen

je 5 Blatt weiße und rote Gelatine
3/8 l Schneekoppe Sauerkirsch-Trunk
3/8 l Mineralwasser
Schneekoppe Süßkraft flüssig
250 g Lychees

Zubereitungszeit 4,5 Stunden

❶ Gelatine in kaltem Wasser einweichen, ausdrücken, bei milder Hitze auflösen und mit Sauerkirsch-Trunk und Mineralwasser gut verrühren. Mit Süßkraft abschmecken.

❷ Eine Ringform mit Wasser ausspülen und Gelatineflüssigkeit 1 Zentimeter hoch einfüllen. Fest werden lassen.

❸ Lychees schälen und den Kern entfernen. Die Hälfte der Früchte in die Form geben und mit der übrigen Gelatineflüssigkeit auffüllen. Das Gelee mindestens 4 Stunden kalt stellen.

❹ Ringform kurz in heißes Wasser tauchen, Gelee stürzen und mit den übrigen Lychees anrichten.

► **Pro Portion**

429/102 kJ/kcal • 2,5 g Eiweiß
0,2 g Fett • 21,9 g Kohlenhydrate
0,7 g Ballaststoffe • 1,8 BE

Torten und Gebäck

Überraschungs-Gugelhupf

Für 25 Stücke

- 1 Würfel Hefe (42 g), 600 g Mehl
- 75 g Schneekoppe Diabetiker-Süße
- 90 g Butter, 15 g Puderzucker
- 125 g gemahlene Haselnusskerne
- 1 Ei, Schneekoppe Süßkraft flüssig
- 1 kleiner Apfel
- 2 EL Schneekoppe Diät-Pflaumenmus
- Margarine für die Form

Zubereitungszeit 105 Minuten

1. Hefe in 300 Milliliter lauwarmem Wasser auflösen. Mit Mehl, Diabetiker-Süße und Butter zu einem Teig verkneten. Gehen lassen, bis sich das Volumen verdoppelt hat.

2. Haselnüsse, Ei und etwas Süßkraft verrühren. Apfel grob reiben, mit Pflaumenmus verrühren.

3. Teig zu 12 Kreisen ausrollen. Auf 6 Teilen die Haselnussfüllung und auf 6 Teilen die Apfel-Pflaumen-Füllung verteilen, zusammenklappen, Ränder andrücken und in eine gefettete Gugelhupfform setzen.

4. Im vorgeheizten Backofen bei 200 °C (Umluft 180 °C, Gas Stufe 3) etwa 60 Minuten backen. Nach dem Auskühlen mit Puderzucker bestäuben.

► Pro Stück

718/172 kJ/kcal • 3,8 g Eiweiß
7,1 g Fett • 22,4 g Kohlenhydrate
1,1 g Ballaststoffe • 1,9 BE

Nusskuchen

Für 15 Stücke

- 80 g Butter
- 60 g Schneekoppe Fruchtzucker
- 2 Eier, 1 Prise Salz
- 1 TL Schneekoppe Süßkraft flüssig
- 80 g gemahlene Haselnüsse
- 1 EL Rum, 3 EL Magermilch
- 200 g Mehl, 2 TL Backpulver

Zubereitungszeit 60 Minuten

1. Butter und Fruchtzucker schaumig rühren, Eier nach und nach dazu geben. Salz, Süßkraft und Rum unterrühren. Zum Schluss Nüsse und Milch unterziehen.

2. Mehl mit Backpulver mischen, auf den Teig sieben, unterrühren.

3. Teig in eine gefettete Kastenform füllen und im vorgeheizten Backofen bei 170 °C (Umluft 150 °C, Gas Stufe 2) etwa 40 Minuten backen.

► Pro Stück

635/152 kJ/kcal • 3,1 g Eiweiß
8,8 g Fett • 14,5 g Kohlenhydrate
1,0 g Ballaststoffe • 1,2 BE

TIP

Sie können den Gugelhupf natürlich auch mit nur einer Füllung zubereiten. Dafür verdoppeln Sie die Menge Ihrer Lieblingsfüllung.

Mandelschnecken

Für 20 Stück

150 g Magerquark, 2 Eier
75 g Schneekoppe Diabetiker-Süße
1 TL abgeriebene, unbehandelte Zitronenschale
6 EL Schneekoppe Distelöl
325 g Mehl
2 TL Backpulver
Mehl zum Ausrollen
2 EL Schneekoppe Diät-Konfitüre Aprikose
100 g gehobelte Mandeln

Zubereitungszeit 35 Minuten

❶ Quark, Eier, Diabetiker-Süße, Zitronenschale, Distelöl, Mehl und Backpulver mit den Händen oder mit den Knethaken des Handrührgeräts zu einem glatten Teig verarbeiten.

❷ Auf einer bemehlten Fläche zu einem Rechteck von 26 x 35 Zentimeter ausrollen. Den Teig dünn mit Konfitüre bestreichen und mit Mandeln bestreuen.

❸ Von der langen Seite her aufrollen und die Rolle in 2 Zentimeter dicke Stücke schneiden.

❹ Auf ein mit Backpapier ausgelegtes Blech geben und im vorgeheizten Backofen bei 200 °C (Umluft 180 °C, Gas Stufe 3) 12–15 Minuten backen.

► **Pro Stück**
648/155 kJ/kcal • 4,5 g Eiweiß
7,2 g Fett • 17,7 g Kohlenhydrate
1,1 g Ballaststoffe • 1,5 BE

Kernige Nussecken

Für 28 Stück

150 g Mehl (Type 550)
1/4 TL Backpulver
40 g Schneekoppe Diabetiker-Süße
1 Ei
100 g Butter
75 g Schneekoppe Diät-Sirup
100 g kernige Haferflocken
75 g gehackte Nüsse (Walnüsse, Haselnüsse, Mandeln)
50 g Schneekoppe Leinsamen
100 g Schneekoppe Diät-Schokolade Vollmilch

Zubereitungszeit 80 Minuten

TIP

Die Schnecken können Sie auch mit gemahlenem Mohn, gehackten Trockenfrüchten oder einer Quarkcreme füllen.

❶ Mehl, Backpulver, Diabetiker-Süße, Ei und Butter zu einem glatten Teig verarbeiten, in Folie wickeln und 30 Minuten kalt stellen.

❷ Sirup, Haferflocken, Nüsse und Leinsamen verrühren.

❸ Teig auf einem kleinen Blech zu einem Rechteck von etwa 22 x 30 Zentimeter ausrollen und mit der Nussmasse bestreichen.

❹ Im vorgeheizten Backofen bei 200 °C (Umluft 180 °C, Gas Stufe 3) etwa 15 Minuten backen. Sofort in Dreiecke schneiden und abkühlen lassen.

❺ Schokolade zerkleinern und im heißen Wasserbad schmelzen. Ecken mit Schokoladenlinien überziehen (siehe Tip).

► Pro Stück
460/110 kJ/kcal
2,4 g Eiweiß • 5,9 g Fett
11,6 g Kohlenhydrate
1,2 g Ballaststoffe
1 BE

Kürbiskern-Ringe

Für 50 Stück

Teig:
- 50 g gemahlene Kürbiskerne
- 75 g Buchweizenmehl
- 75 g Weizenvollkornmehl
- 1 TL Schneekoppe Süßkraft flüssig
- abgeriebene Schale von 1 unbehandelten Orange
- 1 Ei, 100 g Butter

Eiweißmasse:
- 100 g Kürbiskerne, 2 Eiweiße
- 2 EL Schneekoppe Fruchtzucker

Zubereitungszeit 95 Minuten

❶ Teigzutaten zu einem glatten Teig verkneten. In Folie wickeln und 1 Stunde kalt stellen.

❷ Kürbiskerne hacken. Eiweiße steif schlagen und den Fruchtzucker nach und nach einrieseln lassen. Kürbiskerne unterheben.

❸ Teig ausrollen, Ringe ausstechen und auf ein mit Backpapier ausgelegtes Blech legen. Mit der Eiweißmasse bestreichen und im vorgeheizten Backofen bei 175 °C (Umluft 155 °C, Gas Stufe 2) etwa 10 Minuten backen.

► Pro Stück
208/50 kJ/kcal • 1,5 g Eiweiß
3,2 g Fett • 3,1 g Kohlenhydrate
0,3 g Ballaststoffe • 0,3 BE

TIP

Drehen Sie aus Pergamentpapier eine kleine Tüte, füllen Sie die flüssige Schokolade ein und schneiden Sie unten eine winzige Spitze ab. So können Sie gleichmäßig »Linien« über die Ecken ziehen.

Gewürztorte

Bei Feiern wird gern Hochprozentiges angeboten. Wenn es partout Alkoholisches sein soll: Verlängern Sie Whisky, Cognac oder Klare mit Wasser. Das ist zum einen nicht gezuckert, und zum anderen hat Ihr Longdrink nicht allzu viele Kalorien.

Für 16 Stücke

250 g Butter
200 g Schneekoppe Diabetiker-Süße
6 Eier, 500 g Vollkornmehl
1 Päckchen Backpulver
1 Beutel Lebkuchengewürz
14 Blatt rote Gelatine
1/2 l Schneekoppe Roter Trauben-Trunk
2 TL Schneekoppe Süßkraft flüssig
200 g Sahne
75 g gehobelte Mandeln
300 g Mascarpone
Zimt zum Bestäuben

Zubereitungszeit 3 Stunden
Arbeitszeit 70 Minuten

❶ Butter und Diabetiker-Süße schaumig rühren. Eier zufügen. Mehl, Backpulver und Lebkuchengewürz unterrühren.

❷ In eine gefettete Springform (26 cm ø) füllen und im vorgeheizten Backofen bei 200 °C (Umluft 180 °C, Gas Stufe 3) etwa 60 Minuten backen.

❸ Gelatine einweichen. Trauben-Trunk, 1/2 Liter Wasser und 1 1/2 Teelöffel Süßkraft verrühren. Eingeweichte Gelatine tropfnass bei milder Hitze auflösen und in den Traubensaft rühren.

Die üppige Gewürztorte versüßt nicht nur den Adventskaffee (Seite 127)!

❹ 400 Milliliter davon in eine flache Schale gießen, den Rest in eine Schüssel füllen. Sahne sehr steif schlagen und unter den gelierenden Saft in der Schüssel rühren.

❺ Tortenboden einmal auseinander schneiden, um den unteren Boden einen Ring legen und die Sahnecreme darauf geben. Mit dem zweiten Boden abdecken und 1 Stunde in den Kühlschrank stellen. Mandeln in einer trockenen Pfanne goldgelb rösten.

❻ Tortenring entfernen. Mascarpone mit dem restlichen Süßstoff verrühren und die Torte rundherum mit der Hälfte der Creme bestreichen.

❼ Restliche Creme in einen Spritzbeutel mit Sterntülle füllen und ein Gitter auf die Torte spritzen.

❽ Aus dem gelierten Saft in der Schale kleine Sterne ausstechen und das übrige Gelee hacken. In die Zwischenräume des Gitters füllen und mit den Sternen verzieren. Die gerösteten Mandeln an den Tortenrand streuen. Torte mit Zimt bestäuben.

► **Pro Stück**
1979/474 kJ/kcal • 9,7 g Eiweiß
31,8 g Fett • 38,6 g Kohlenhydrate
0 g Ballaststoffe • 3,2 BE

TIP

Besonders aromatisch schmeckt die Sauerkirschkonfitüre, wenn Sie 1 Teelöffel gemahlenen Zimt unterrühren.

Pistazienherzen

Für 90 Stück

250 g Weizenmehl (Type 1050)
100 g Butter
1 1/2 TL Schneekoppe Süßkraft flüssig
1 Ei, 1 gehäufter EL Schmand
50 g gehackte Pistazien
Mehl zum Ausrollen
50 g Schneekoppe Diät-Konfitüre Sauerkirsch
ganze und gehackte Pistazien zum Verzieren

Zubereitungszeit 100 Minuten

❶ Mehl, Butter, Süßkraft, Ei, Schmand und gehackte Pistazien zu einem glatten Teig verarbeiten. In Folie wickeln und 45 Minuten kalt stellen.

❷ Teig auf einer bemehlten Fläche ausrollen, Herzen ausstechen und auf mit Backpapier ausgelegte Bleche geben.

❸ Im vorgeheizten Backofen bei 175 °C (Umluft 155 °C, Gas Stufe 2) etwa 12 Minuten backen.

❹ Konfitüre in einem kleinen Topf erhitzen und durch ein Sieb streichen. Herzen mit Konfitüre bestreichen und mit ganzen und gehackten Pistazien verzieren.

► **Pro Stück**

129/31 kJ/kcal • 0,8 g Eiweiß
1,9 g Fett • 2,5 g Kohlenhydrate
0,2 g Ballaststoffe • 0,2 BE

Fruchtiger Stern

Für 2 Sterne (24 cm ø)

1 Würfel Hefe (42 g)
500 g Roggenmehl (Type 1150)
40 g Schneekoppe Fruchtzucker
30 g Butter
je 200 g getrocknete Aprikosen, Feigen, Datteln, Pflaumen und Apfelringe
je 100 g Haselnuss- und Walnusskerne
100 g gewürfeltes Fruchtmix
100 g Rosinen
2 TL Zimt, 1 TL gemahlene Nelken
Fett für die Form
50 g Schneekoppe Diät-Konfitüre Aprikose
14 getrocknete Aprikosen

Zubereitungszeit 100 Minuten

❶ Hefe zerbröckeln und in 1/4 Liter lauwarmem Wasser auflösen. Mit Mehl, Fruchtzucker und Butter zu einem glatten Teig verarbeiten. An einem warmen Ort ohne Zugluft zugedeckt gehen lassen, bis sich das Volumen verdoppelt hat.

❷ Trockenfrüchte und Nüsse hacken. Mit Fruchtmix, Rosinen und Gewürzen gründlich unter den Teig arbeiten.

❸ Den Teig in zwei gefettete Sternformen drücken und im vorgeheizten Backofen bei 175 °C (Umluft 155 °C, Gas Stufe 2) etwa 60 Minuten backen.

❹ Konfitüre erwärmen. Sterne aus den Formen lösen und mit der Konfitüre bestreichen. Getrocknete Aprikosen flach drücken und kleine Sterne ausstechen. Kuchen damit verzieren.

► **Pro Portion**
754/180 kJ/kcal • 2,9 g Eiweiß
4,6 g Fett • 29,1 g Kohlenhydrate
4,8 g Ballaststoffe
2,4 BE

Trockenobst hat zwar drei- bis viermal so viele Kalorien wie frisches Obst, ist aber durch seinen hohen Mineralien- und Vitaminanteil und durch die große Menge an Ballaststoffen ein wertvolles Nahrungsmittel. Diabetiker sollten Trockenobst zwar nicht in rauhen Mengen verzehren, Weihnachtsgebäck lässt sich aber auf gesunde Art damit süßen und verfeinern. Achten Sie beim Kauf unbedingt darauf, dass die Früchte ungeschwefelt sind!

Das fanden finnische Wissenschaftler heraus: Häufiger Kaffeegenuss während der Schwangerschaft kann unter Umständen die Bauchspeicheldrüse des ungeborenen Kindes beeinflussen und das spätere Auftreten von Diabetes fördern.

Schwarzbrottorte

Für 16 Stücke

- 250 g Mandeln
- 150 g fein geriebenes Schwarzbrot (Vollkornbrot)
- 3 EL Rum, 8 Eier
- 100 g Schneekoppe Fruchtzucker
- 1 TL Zimt
- je 1 TL abgeriebene Zitronen- und Orangenschale
- 100 g Schneekoppe Diät-Konfitüre Holunder-Kirsche
- 100 g Schneekoppe Diät-Konfitüre Aprikose
- 11 Marzipankugeln für Diabetiker

Zubereitungszeit 160 Minuten
Arbeitszeit 70 Minuten

❶ Die Mandeln mit kochendem Wasser überbrühen, zugedeckt 10 Minuten ziehen lassen. Anschließend abseihen, mit kaltem Wasser abschrecken und die rauhe, braune Haut um den Mandelkern entfernen. 200 Gramm Mandeln fein mahlen, die anderen hobeln.

❷ Schwarzbrotbrösel mit Rum beträufeln. Eier trennen. Eigelbe, Fruchtzucker, Zimt, Zitronen- und Orangenschale schaumig rühren. Gemahlene Mandeln und Brösel unterheben.

❸ Eiweiße sehr steif schlagen und unter den Teig heben. In eine mit Backpapier ausgelegte Springform (26 cm ø) füllen und im vorgeheizten Backofen bei 150 °C (Umluft 130 °C, Gas Stufe 1) etwa 90 Minuten backen.

❹ Auf ein Gitter stürzen und auskühlen lassen. Gehobelte Mandeln in einer trockenen Pfanne rösten. Konfitüren getrennt erwärmen und jeweils durch ein Sieb streichen.

❺ Torte in der Mitte durchschneiden und mit Holunder-Kirsch-Konfitüre füllen. Außen mit Aprikosen-Konfitüre bestreichen.

❻ Tortenrand mit Mandeln bestreuen und obenauf mit halbierten Marzipankugeln verzieren.

► **Pro Portion**
1078/257 kJ/kcal • 7,6 g Eiweiß
13,2 g Fett • 23,2 g Kohlenhydrate
3,4 g Ballaststoffe • 1,9 BE

Traditionelle Köstlichkeit, in Großmutters Backbuch wieder entdeckt: Schwarzbrottorte können Sie gut aus dem Vorrat backen (Seite 131).

TIP

Verwenden Sie für die Schwarzbrottorte Ihr Lieblingsbrot, geeignet sind alle Arten von Vollkornbrot, Pumpernickel, Sauerteigbrot und Mischbrot. Notfalls können Sie auch, allerdings maximal zur Hälfte, Weißbrotbrösel dazu geben.

Riesen-Brezel

Für 10 Portionen

- 1 Würfel Hefe (42 g)
- 1/4 l Magermilch
- 550 g Mehl
- 75 g Schneekoppe Fruchtzucker
- 250 g weiche Butter
- 1 Ei
- Mehl zum Ausrollen
- 1 Eigelb
- 5 EL Vollmilch

Zubereitungszeit 195 Minuten

TIP

Hefeteig grundsätzlich an einem warmen Ort zugedeckt gehen lassen. Zimmertemperatur ist allerdings ausreichend, auf keinen Fall darf der Teig auf die Heizung gestellt werden. Hefeteig verträgt während des Gehens keine Erschütterungen und keine Zugluft!

1. Hefe zerbröckeln und in der leicht angewärmten Magermilch auflösen. Mit 500 Gramm Mehl, Fruchtzucker, 50 Gramm Butter und Ei mit den Knethaken des Handrührgeräts zu einem glatten Teig verarbeiten und zugedeckt gehen lassen, bis sich das Volumen verdoppelt hat.

2. Übrige Butter mit dem restlichen Mehl vermengen und auf Pergamentpapier zu einer Platte von etwa 18 x 20 Zentimeter streichen. Beide Teige über Nacht kalt stellen.

3. Hefeteig auf bemehlter Fläche zu einem Rechteck von etwa 22 x 38 Zentimeter ausrollen. Ränder mit Eigelb bestreichen. Butter-Mehl-Platte auf eine Teighälfte legen, zweite Hälfte des Hefeteiges überklappen und Ränder andrücken

4. Das Ganze zu einem Rechteck von etwa 20 x 45 Zentimeter ausrollen. Seiten zur Mitte einschlagen, so dass 3 Schichten entstehen. 30 Minuten kalt stellen.

5. Den Teig noch zweimal wie beschrieben ausrollen, zusammenlegen und kalt stellen.

6. Teig zu einer Rolle von 130 Zentimeter Länge ausrollen, Enden dünner werden lassen. Rolle zu einer Brezel formen. Mit Milch bestreichen und bei 200 °C (Umluft 180 °C, Gas Stufe 3) etwa 40 Minuten backen.

► Pro Portion

1934/462 kJ/kcal • 8,9 g Eiweiß
22,7 g Fett • 50,8 g Kohlenhydrate
1,5 g Ballaststoffe • 4,2 BE

Sonnenblumenbrötchen

Für 10 Stück

1/2 Würfel Hefe (21 g)
2 EL Schneekoppe Sonnenblumenöl
50 g Schneekoppe Weizenkleie
450 g Mehl
100 g Sonnenblumenkerne

Zubereitungszeit 95 Minuten

❶ Hefe zerbröckeln und mit 1/4 Liter lauwarmem Wasser verrühren, bis sich alle Klümpchen aufgelöst haben. Mit Sonnenblumenöl, Weizenkleie, Mehl und der Hälfte der Sonnenblumenkerne mit den Knethaken des Handrührgeräts zu einem glatten Teig verarbeiten und zugedeckt gehen lassen, bis sich das Volumen verdoppelt hat.

❷ Teig zu einer Rolle formen, in 10 gleich große Stücke teilen und Kugeln daraus formen.

❸ Brötchen auf ein mit Backpapier ausgelegtes Blech setzen, mit etwas Wasser bestreichen, mit den übrigen Sonnenblumenkernen bestreuen und nochmals 20 Minuten gehen lassen.

❹ Im vorgeheizten Backofen bei 200 °C (Umluft 180 °C, Gas Stufe 3) etwa 30 Minuten backen.

► **Pro Stück**
1058/253 kJ/kcal
8,3 g Eiweiß • 7,7 g Fett
34,6 g Kohlenhydrate
4,3 g Ballaststoffe
2,9 BE

Sonnenblumenkerne enthalten wie das aus ihnen gepresste Sonnenblumenöl sehr viele mehrfach ungesättigte Fettsäuren und eine beachtliche Menge an Vitamin E.

TIP

Besonders locker wird die Brioche, wenn Sie den Teig über Nacht im Kühlschrank gehen lassen. Den Hefepilzen ist es dort nämlich so kalt, dass Sie sich besonders eng aneinander »kuscheln« und so viel Hitze entwickeln, dass der Teig prächtig aufgeht.

Brioches

Für 12 Stück

- 250 g Butter
- 1 Würfel Hefe (42 g)
- 4 EL Vollmilch
- 1 Prise Schneekoppe Meersalz
- 500 g Mehl
- 60 g Schneekoppe Fruchtzucker
- 6 Eier
- 100 g Rosinen
- Fett für die Formen

Zubereitungszeit 125 Minuten

❶ Butter bei milder Hitze schmelzen und wieder abkühlen lassen. Hefe zerbröckeln und in der leicht angewärmten Milch vollständig auflösen. Mit Meersalz, Mehl, Fruchtzucker und Eiern zu einem glatten Teig verarbeiten und 30 Minuten gehen lassen.

❷ Zerlassene Butter und Rosinen unter den Teig kneten und an einem warmen Ort ohne Zugluft (oder im Kühlschrank, siehe Tip Seite 132) zugedeckt gehen lassen, bis sich das Volumen verdoppelt hat.

❸ 12 große und 12 kleine Kugeln daraus formen. In 12 Briocheförmchen jeweils eine große Kugel geben und eine kleine darauf setzen. Im vorgeheizten Backofen bei 175 °C (Umluft 155 °C, Gas Stufe 2) etwa 25 Minuten backen.

► Pro Stück

1770/423 kJ/kcal • 9,2 g Eiweiß
22,4 g Fett • 41,3 g Kohlenhydrate
1,7 g Ballaststoffe • 3,4 BE

Vielseitiger Hefeteig: Brioches zum Festtagsfrühstück (Seite 135 unten) und ein Osterkranz für die Familie (Seite 135 oben).

Osterkranz

Für 30 Scheiben

- 1 Würfel Hefe (42 g)
- 3/8 l Vollmilch
- 750 g Mehl
- 100 g Schneekoppe Fruchtzucker
- 100 g Butter
- 3 Eier

Zubereitungszeit 95 Minuten

❶ Hefe zerbröckeln und in der leicht angewärmten Milch auflösen. Mit Mehl, Fruchtzucker, Butter und Eiern zu einem glatten Teig verarbeiten und an einem warmen Ort ohne Zugluft zugedeckt gehen lassen, bis sich das Volumen verdoppelt hat.

❷ Drei lange, gleich große Rollen formen, zu einem Zopf flechten und zu einem Kranz schließen. Im vorgeheizten Backofen bei 200 °C (Umluft 180 °C, Gas Stufe 3) etwa 50 Minuten backen.

► Pro Scheibe

623/148 kJ/kcal • 4,0 g Eiweiß
4,1 g Fett • 22,2 g Kohlenhydrate
0,7 g Ballaststoffe • 1,9 BE

Schinkenhörnchen

Für 20 Stück

150 g Magerquark
1 Ei
1 TL Schneekoppe Meersalz
6 EL Schneekoppe Distelöl
250 g Mehl
2 gestrichene TL Backpulver
150 g gekochter Schinken (ohne Fettrand)
1 Bund Schnittlauch
50 g mittelalter Gouda
Mehl zum Ausrollen
Milch zum Bestreichen

Zubereitungszeit 35 Minuten

❶ Den Quark mit Ei, Meersalz, Distelöl, Mehl und Backpulver zu einem glatten Teig verarbeiten und noch einmal kurz kalt stellen.

❷ Den Schinken sehr fein würfeln, Schnittlauch waschen und in Röllchen schneiden, Käse reiben. Schinken, Schnittlauch und Käse mischen.

❸ Teig auf einer bemehlten Fläche messerrückendick ausrollen und in gleichmäßige Dreiecke mit 12 Zentimeter Kantenlänge schneiden.

❹ Mit der Schinken-Käse-Mischung bestreuen und von einer Seite her zu Hörnchen aufrollen.

❺ Auf ein mit Backpapier ausgelegtes Blech setzen, mit etwas Milch bestreichen und im vorgeheizten Backofen bei 200 °C (Umluft 180 °C, Gas Stufe 3) etwa 12 Minuten backen.

► **Pro Portion**

496/118 kJ/kcal • 5,1 g Eiweiß
5,5 g Fett • 10,4 g Kohlenhydrate
0,3 g Ballaststoffe
0,9 BE

TIP

Verwenden Sie am besten gekochten Schinken oder den noch fettärmeren Lachsschinken. Gesalzener und roh geräucherter Schinken hat wesentlich mehr Kalorien!

Kümmelstangen

Für 30 Stück
300 g Mehl
1 TL Backpulver
200 g Margarine
2 EL Crème fraîche
1 TL Schneekoppe Meersalz
Mehl zum Ausrollen
1 Eigelb
Kümmelkörner

Zubereitungszeit 65 Minuten

❶ Mehl, Backpulver, Margarine, Crème fraîche und Meersalz mit den Händen oder dem Knethaken des Handrührgeräts rasch zu einem glatten Teig verarbeiten. In Folie wickeln und 30 Minuten in den Kühlschrank stellen.

❷ Den Knetteig auf einer bemehlten Fläche zunächst zu einer langen Rolle formen, in 30 gleich große Stücke teilen und lange Röllchen daraus drehen.

❸ Die Teigstangen vorsichtig auf ein mit Backpapier ausgelegtes Blech geben, mit Eigelb bestreichen und mit Kümmelkörnern bestreuen.

❹ Die Kümmelstangen im vorgeheizten Backofen bei 200 °C (Umluft 180 °C, Gas Stufe 3) etwa 12 Minuten backen.

► Pro Portion
416/99 kJ/kcal • 1,4 g Eiweiß
6,4 g Fett • 8,1 g Kohlenhydrate
0,3 g Ballaststoffe • 0,7 BE

TIP

Kümmel ist eines der besten Gewürze gegen alle Arten von Verdauungsstörungen, die von fettem oder zu viel Essen herrühren: Blähungen, Völlegefühl, Magendrücken. In manchen Gebieten Asiens kaut man nach jedem Essen traditionell ein Löffelchen einer Gewürzmischung, bestehend aus Anis-, Fenchel- und Kümmelsamen.

Geschenke für Genießer

Teepralinen

Für 30 Stück
- 50 g Butter
- 250 g Schneekoppe Diät-Schokolade Zartbitter
- 125 g Sahne
- 2 EL Assam-Tee
- 1/2 TL Ingwerpulver

Zubereitungszeit 160 Minuten
Arbeitszeit 40 Minuten

1. Die Butter aus dem Kühlschrank nehmen und weich werden lassen. Die Schokolade grob zerkleinern.

2. Sahne, Tee und Ingwerpulver aufkochen, abseihen und die Schokolade darin schmelzen lassen. Die Masse darf jetzt nicht mehr kochen.

3. Abkühlen lassen. Die weiche Butter in kleinen Flöckchen über die Tee-Schokoladen-Masse verteilen und das Ganze mit dem Handrührgerät schaumig aufschlagen.

4. Die Pralinenmasse in einen Spritzbeutel mit Sterntülle füllen und kleine Rosetten in Papier- oder Stanniolförmchen spritzen.

5. Anschließend für mindestens zwei Stunden in den Kühlschrank stellen, bis die Pralinen wieder fest geworden sind. Die Teepralinen halten sich übrigens gut verpackt im Gemüsefach des Kühlschranks etwa zwei bis drei Wochen.

► Pro Stück
288/69 kJ/kcal • 0,6 g Eiweiß
5,4 g Fett • 4,3 g Kohlenhydrate
0,4 g Ballaststoffe • 0,4 BE

Varianten

Rumkugeln
Verwenden Sie nur 100 Gramm Sahne und zusätzlich 25 Milliliter Rum, Tee weglassen. Stellen Sie die fertige Pralinenmasse vor der weiteren Verarbeitung mindestens 2 bis 4 Stunden kalt. Anschließend zu Kugeln drehen und in geraspelter Diabetikerschokolade wälzen.

Orangentrüffel
Für die Orangentrüffel verzichten Sie auf Tee und Ingwerpulver und verwenden zur Aromatisierung der Pralinen die fein abgeriebene Schale einer Orange. Gleichzeitig wird die Buttermenge um 50 Gramm erhöht. Die Trüffelmasse wird wieder in Förmchen gefüllt.

Mokkapralinen
Für die Mokkapralinen Tee und Ingwer weglassen, dafür 2 Esslöffel Instant-Kaffee verwenden. Eventuell mit Weinbrand verfeinern.

TIP

Denken Sie daran, diese zur Hauptsache aus Butter und Schokolade bestehenden Pralinen unbedingt gut gekühlt aufzubewahren. Unter hohen Temperaturen leidet nicht nur das schöne Aussehen der Pralinen, sondern auch deren Geschmack.

Süßes Päckchen

TIP

Die Kuchenreste können Sie anderweitig verwenden, zum Beispiel für das Pflaumen-Trifle (Seite 106).

Für 14 Stücke

200 ml Buttermilch
175 g Schneekoppe Fruchtzucker
4 Eier
1 TL abgeriebene Orangenschale
300 g Weizenmehl (Type 550)
100 g gemahlene Haselnusskerne
1 Päckchen Backpulver
Fett für die Form
300 g geschälte Mandeln
1-2 EL Speisestärke
grüne und blaue Lebensmittelfarbe
75 g Schneekoppe Diät-Konfitüre Aprikose
30 g weiße Kuvertüre

Zubereitungszeit 90 Minuten

❶ Die Buttermilch mit 100 Gramm Fruchtzucker, Eiern und der abgeriebenen Orangenschale verrühren. Mehl, Haselnüsse und Backpulver mischen und unterrühren.

❷ Den Teig in eine gefettete, rechteckige Kuchenform oder in eine Springform (28 cm ø) füllen, glattstreichen und im vorgeheizten Backofen bei 200 °C (Umluft 180 °C, Gas Stufe 3) 30 Minuten backen.

❸ Mandeln durch die feine Scheibe des Fleischwolfes drehen, mit restlichem Fruchtzucker mischen und nochmals durchdrehen. Speisestärke unter das Marzipan kneten.

❹ Aus etwas Marzipan eine lange Rolle als »Schnur« für das Paket formen. Wenig Marzipan mit blauer Farbe einfärben. Den Rest mit Speisefarbe grün färben.

❺ Den Nusskuchen zu einem gleichmäßigen Rechteck schneiden. Sollte der Kuchen kuppelförmig aufgegangen sein, die Kuppel ebenfalls abschneiden.

❻ Rechteck waagerecht durchschneiden. Konfitüre erhitzen, untere Kuchenhälfte damit bestreichen, andere Hälfte darauf setzen. Den Kuchen rundherum mit Konfitüre bestreichen.

❼ Grüne Marzipanmasse zwischen zwei Folienlagen rechteckig ausrollen. Nusskuchen damit umhüllen. Ränder leicht andrücken und die »Schnur« darauf arrangieren.

❽ Aus dem blauen Marzipan eine »Briefmarke« formen und in die rechte obere Ecke setzen. Leicht andrücken.

❾ Weiße Kuvertüre im heißen Wasserbad schmelzen, in eine Spritztüte füllen und das »Paket« damit individuell beschriften.

► **Pro Stück**
1265/301 kJ/kcal • 7,9 g Eiweiß
16,5 g Fett • 27 g Kohlenhydrate
3,7 g Ballaststoffe • 2,3 BE

Süße Salami

Für 30 Stücke

- 100 g Walnusskerne
- 150 g Schneekoppe Butterkeks
- 350 g frische Datteln
- 100 g Butter
- 2 EL Schneekoppe Leinsamen
- 1 EL Schneekoppe Diabetiker-Süße
- 1 EL abgeriebene, unbehandelte Orangenschale
- 1/2 TL gemahlener Zimt
- 2 EL gemahlene Walnusskerne

Zubereitungszeit 4 Stunden
Arbeitszeit 60 Minuten

❶ Walnusskerne grob hacken. Kekse grob zerbröseln. Datteln entsteinen, Haut entfernen und die Früchte klein schneiden.

❷ Butter, Leinsamen, Diabetiker-Süße, Orangenschale, Datteln und Zimt unter Rühren so lange kochen, bis ein Brei entstanden ist. Gehackte Walnüsse und Keksbrösel zufügen und das Ganze abkühlen lassen.

❸ Aus der Masse eine Rolle von 5 Zentimeter Durchmesser formen, in gemahlenen Walnüssen wälzen und in Folie gewickelt 3 bis 4 Stunden in den Kühlschrank stellen.

► **Pro Stück**
394/94 kJ/kcal • 1,4 g Eiweiß
4,5 g Fett • 11,5 g Kohlenhydrate
1,8 g Ballaststoffe • 1 BE

TIP

So teilen Sie den Teig: Legen Sie um die Mitte des gebackenen Kuchens rundherum einen Zwirnsfaden. Vorn kreuzen Sie den Faden und ziehen dann fest zu.

Entenrillette wird in Frankreich gerne als Vorspeise zum Menü gereicht. Mit einem Salat wird daraus aber auch eine leckere Zwischenmahlzeit oder ein leichtes Abendessen.

Kartoffelbrot und Entenrillette

Für 20 Portionen

- 250 g Kartoffeln
- 1/2 Würfel Hefe (21 g)
- 375 g Mehl
- 2 TL Schneekoppe Meersalz
- 5 EL Schneekoppe Distelöl
- Öl für die Form
- 1 TL Pfefferkörner
- 700 g Entenbrustfilet
- 100 g Schmalz
- 150 ml trockener Weißwein
- 3-4 Zweige Thymian
- 1 Lorbeerblatt

Zubereitungszeit 3,5 Stunden

❶ Die Kartoffeln in der Schale etwa 20 Minuten kochen.

❷ Die Hefe zerbröckeln und mit 220 Milliliter lauwarmem Wasser verrühren, bis sich alle Klümpchen aufgelöst haben. Kartoffeln pellen, durch die Presse drücken und mit Hefe, Mehl, 1 Teelöffel Meersalz und Öl zu einem glatten Teig verarbeiten. An einem warmen Ort ohne Zugluft zugedeckt gehen lassen, bis sich das Volumen verdoppelt hat.

❸ Pfeffer im Mörser grob zerstoßen. Entenbrust waschen, trockentupfen und klein schneiden. In Schmalz anbraten, mit Wein ablöschen und Pfeffer zufügen. Thymian waschen und – bis auf 1 Zweig – Blättchen abstreifen und mit dem Lorbeerblatt zum Fleisch geben. Zugedeckt 2 1/2 Stunden schmoren. Gelegentlich umrühren.

❹ Aus dem Hefeteig zwei lange Rollen formen und zu einer Kordel verdrehen. Um ein eingeöltes Steinguttöpfchen legen. Im vorgeheizten Backofen bei 200 °C (Umluft 180 °C, Gas Stufe 3) etwa 50 Minuten backen. Abkühlen lassen.

❺ Entenrillette mit dem restlichen Meersalz würzen, in das Töpfchen füllen und mit dem letzten Thymianzweig belegen.

► Pro Portion Kartoffelbrot
456/109 kJ/kcal • 2,4 g Eiweiß
3,4 g Fett • 15,8 g Kohlenhydrate
0,8 g Ballaststoffe • 1,3 BE

► Pro Portion Entenrillette
476/114 kJ/kcal • 4,5 g Eiweiß
9,3 g Fett • 0,1 g Kohlenhydrate
0 g Ballaststoffe • 0 BE

TIP

In einen hübschen Terrinentopf gefüllt, ist die Entenrillette ein ganz besonderes Mitbringsel oder ein ausgefallenes Geschenk für Feinschmecker.

Genießen wie die Franzosen: Entenrillette mit Kartoffelbrot gehört zu den Geheimtips der ländlichen Küche unserer Nachbarn (Seite 143).

Adventskalender

Für 24 Stück

- 100 g Butter
- 70 g Schneekoppe Fruchtzucker
- 2 TL Lebkuchengewürz
- 200 g Weizenmehl (Type 550)
- 2 EL Schneekoppe Weizenkleie
- 1 Ei
- Mehl zum Ausrollen
- 100 g weiße Kuvertüre
- 2 EL gemahlene Pistazien
- 3 EL Kokosraspeln
- 1 getrocknete Aprikose

Zubereitungszeit 120 Minuten

❶ Butter, Fruchtzucker, Lebkuchengewürz, Mehl, Weizenkleie und Ei zu einem glatten Teig verarbeiten, in Folie wickeln und 1 Stunde in den Kühlschrank stellen.

❷ Teig auf einer bemehlten Fläche dünn ausrollen und 48 Tannen ausstechen. Die Hälfte der Tannen längs halbieren. Auf einem mit Backpapier ausgelegten Backblech im vorgeheizten Backofen bei 200 °C (Umluft 180 °C, Gas Stufe 3) etwa 7 Minuten goldgelb backen.

❸ Kuvertüre im heißen Wasserbad schmelzen. Mit Hilfe einer kleinen Spritztüte Zahlen von 1 bis 24 auf die Tannen spritzen. Jeweils die Schnittkanten der halbierten Tannen mit Kuvertüre bestreichen und an die vordere und hintere Mitte einer senkrecht gestellten Tanne kleben.

❹ Spitzen der Tannen mit Kuvertüre bestreichen und mit Pistazien und Kokosraspeln bestreuen. Nummer 24 mit Aprikosenstücken verzieren.

► **Pro Stück**
486/116 kJ/kcal
1,9 g Eiweiß
6,1 g Fett
12,3 g Kohlenhydrate
0,9 g Ballaststoffe
1 BE

TIP

Stellen Sie die 24 Tannen des Adventskalenders zum Verschenken auf ein dick mit Kokosraspel »eingeschneites« Tablett.

Nikolausstiefel

Für 1 Stück
- 1/2 Würfel Hefe (21 g)
- 500 g Mehl
- 50 g Schneekoppe Fruchtzucker
- 2 TL Lebkuchengewürz
- 3 EL Schneekoppe Distelöl, 1 Ei
- Margarine zum Einfetten
- weihnachtliches Gebäck zum Füllen

Zubereitungszeit 110 Minuten

❶ Hefe in 1/4 Liter lauwarmem Wasser auflösen. Mit Mehl, Fruchtzucker, Gewürz, Distelöl und Ei verkneten und zugedeckt 1 Stunde gehen lassen.

❷ Teig ausrollen und zwei Stiefel von 26 Zentimeter Länge ausschneiden. Eine dicke Rolle aus Backpapier einfetten, längs auf einen Stiefelschaft legen und den zweiten Stiefel darüber legen. Ränder andrücken.

❸ Bei 200 °C (Umluft 180 °C, Gas Stufe 3) etwa 25 Minuten backen. Papier entfernen, Stiefel auskühlen lassen und mit Gebäck füllen.

► **Insgesamt** (ohne Gebäck)
10957/2615 kJ/kcal • 63,4 g Eiweiß
63,9 g Fett • 414 g Kohlenhydrate
12,5 g Ballaststoffe • 34,5 BE

Orangengelee

Für 4 Gläser (à 500 g)
- 6–7 unbehandelte Orangen
- 500 g Schneekoppe Diät-Gelierzucker 3:1

Zubereitungszeit 25 Minuten

❶ Eine Orange heiß abwaschen, sehr dünn abschälen und die Schale in feine Streifen schneiden.

❷ Alle Orangen auspressen. 1,5 Liter Saft abmessen. Mit der Schale und dem Gelierzucker verrühren, aufkochen und 1 Minute sprudelnd kochen lassen. In vorbereitete Gläser mit Twist-off-Deckel füllen, verschließen, 30 Minuten auf den Deckel stellen, umdrehen und erkalten lassen.

► **Pro Portion (1 Portion = 20 g)**
94/22 kJ/kcal • 0,1 g Eiweiß
0 g Fett • 5,3 g Kohlenhydrate
0,2 g Ballaststoffe • 0,4 BE

Bei diabetischen Kindern sind die Zähne besonders gefährdet. Lassen Sie daher vom Zahnarzt die Backenzähne versiegeln.

Die 5-Tage-Diät

1. Tag

1. Frühstück

Müsli und Gurkenbrot

Jetzt geht's an überflüssige Pfunde. Täglich gibt es insgesamt 1200 Kalorien und etwa 144 anrechenbare Kohlenhydrate (12 BE), diabetesgerecht auf sechs Mahlzeiten verteilt. Die Rezepte gelten immer für 1 Portion.

Für 1 Portion

50 g tiefgefrorenes Beerenobst
20 g Schneekoppe Vita-Flakes
100 g Magermilchjoghurt
1 TL Schneekoppe Weizenkleie
1 Scheibe Knäckebrot
5 g Butter
40 g Salatgurken
Schneekoppe Meersalz
frisch gemahlener Pfeffer

Zubereitungszeit 10 Minuten

❶ Beeren auftauen lassen. Vita-Flakes mit Joghurt, Weizenkleie und Beerenobst verrühren.

❷ Knäckebrot mit Butter bestreichen, Salatgurke waschen, in Scheiben schneiden und auf das Knäckebrot legen. Mit Meersalz und Pfeffer würzen.

► **Pro Portion**

917/219 kJ/kcal • 30,8 g Kohlenhydrate
7,2 g Ballaststoffe • 2,7 BE

2. Frühstück

Apfel-Eistee

Für 1 Portion

1 TL Earl-Grey-Tee
Schneekoppe Süßkraft
1 kleiner Apfel (125 g), Eiswürfel

Zubereitungszeit 10 Minuten

❶ Tee mit 150 Milliliter kochendem Wasser übergießen, 3 Minuten ziehen lassen, abseihen, erkalten lassen und süßen.

❷ Apfel waschen und in Spalten schneiden. Mit Eiswürfeln in ein Glas geben und mit Tee auffüllen.

► **Pro Portion**

285/68 kJ/kcal • 14,3 g Kohlenhydrate
2,5 g Ballaststoffe • 1,2 BE

Mittags

Steak mit Gemüsereis

Für 1 Portion

- 30 g Naturreis
- Schneekoppe Meersalz
- 100 g Fenchel
- 50 g Karotte
- 2 Tomaten
- 50 ml Instant-Gemüsebrühe
- 1 Scheibe Rinderfilet (125 g)
- frisch gemahlener Pfeffer
- 100 ml Schneekoppe Möhrensaft

Zubereitungszeit 40 Minuten

❶ Den Naturreis in reichlich kochendem Wasser mit Meersalz etwa 30 Minuten garen.

❷ Fenchel waschen, putzen, die äußere Schale ablösen und beiseite stellen, den Rest würfeln. Karotte schälen und würfeln. Tomaten waschen, eine Tomate mit kochendem Wasser übergießen, abschrecken, häuten und würfeln.

❸ Fenchel-, Karotten- und Tomatenwürfel in heißer Brühe 10 Minuten dünsten.

❹ Rinderfilet waschen, gründlich trockentupfen und in einer beschichteten Pfanne von beiden Seiten je 4 Minuten braten.

❺ Die übrige Tomate kreuzweise einschneiden und 3–4 Minuten grillen. Alles mit Meersalz und Pfeffer würzen.

❻ Den Reis abtropfen lassen, mit den Gemüsewürfeln mischen und in die Fenchelschale füllen.

❼ Den Gemüsereis mit Steak und Tomate anrichten. Dazu den Möhrensaft trinken.

► Pro Portion

1457/357 kJ/kcal • 35,3 g Kohlenhydrate
8,1 g Ballaststoffe • 2,9 BE

TIP

Während der Diät sollten Sie ausreichend trinken: mindestens 2 Liter täglich. Am besten geeignet sind Schwarztee, Kräuter- und Früchtetees und Mineralwasser. Sie enthalten weder Kohlenhydrate noch Kalorien bzw. Joule.

TIP

Die tägliche Kalorienmenge lässt sich noch etwas reduzieren, indem Sie Halbfettprodukte wie beispielsweise Halbfettbutter verwenden.

Nachmittags

Obst

1 Nektarine (100 g)

► **Pro Portion**
219/52 kJ/kcal • 11,4 g Kohlenhydrate
2,0 g Ballaststoffe • 1,0 BE

Abends

Thunfisch-Toast

Für 1 Portion

- 50 g Thunfisch naturell
- 1 EL Magermilchjoghurt
- 1 TL Tomatenmark
- Schneekoppe Meersalz, Pfeffer
- 20 g tiefgefrorene Erbsen
- 40 g Vollkorntoast
- 2 Salatblätter, 1 Tomate

Zubereitungszeit 5 Minuten

❶ Den Thunfisch abtropfen lassen. Für die Sauce Joghurt mit Tomatenmark, Meersalz, Pfeffer und den aufgetauten Erbsen verrühren.

❷ Auf das getoastete Brot Salatblätter, Thunfisch und die Sauce geben. Tomate dazu reichen.

► **Pro Portion**
969/231 kJ/kcal • 23,8 g Kohlenhydrate
4,7 g Ballaststoffe • 2,0 BE

Schnelles Abendessen aus dem Vorrat: Der Thunfischtoast ist ideal für Berufstätige (Seite 151).

Alternative

Überbackener Toast mit Schinken

Toast mit 20 Gramm gekochtem Schinken ohne Fettrand, 1/4 in Scheiben geschnittenen Apfel und 20 Gramm Emmentaler (45 % Fett i.Tr.) belegen und 5 Minuten unter dem Grill überbacken.

► **Pro Portion**
925/221 kJ/kcal • 20,3 g Kohlenhydrate
2,9 g Ballaststoffe • 1,7 BE

Spät

Bananenshake

Für 1 Portion

- 50 g Banane
- 150 g Kefir (0,3 % Fett)

Zubereitungszeit 5 Minuten

Die Banane schälen und mit dem Kefir im Mixer pürieren.

► **Pro Portion**
371/89 kJ/kcal • 13,4 g Kohlenhydrate
0,7 g Ballaststoffe • 1,1 BE

► **Tag insgesamt**
4218/1016kJ/kcal • 65,6 g Eiweiß
31,9 g Fett • 129,2 g Kohlenhydrate
25,2 g Ballaststoffe • 10,9 BE

2. Tag

1. Frühstück

Brötchen mit Konfitüre und Grapefruit

Für 1 Portion

1 Vollkornbrötchen (50 g)
5 g Butter
15 g Magerquark
1 TL Schneekoppe Diät-Konfitüre Erdbeere
1/2 Grapefruit

Das verbrauchen Sie an Kalorien in 30 Minuten:
Bowling 100 kcal
Gehen 110 kcal
Gartenarbeit 220 kcal
Tanzen 220 kcal
Volleyball 220 kcal
Gymnastik 230 kcal
Tischtennis 260 kcal
Schwimmen 260 kcal
Tennis 280 kcal
Radfahren 300 kcal

Zubereitungszeit 5 Minuten

Vollkornbrötchen halbieren und mit Butter, Quark und Konfitüre bestreichen. Die Grapefruithälfte dazu essen.

► Pro Portion
857/205 kJ/kcal • 30,8 g Kohlenhydrate
3,9 g Ballaststoffe • 2,6 BE

2. Frühstück

Himbeermix

Für 1 Portion

85 ml Schneekoppe Roter Trauben-Trunk
100 ml Mineralwasser
50 g Himbeeren

Zubereitungszeit 50 Minuten

Trauben-Trunk und Mineralwasser verrühren und mit Himbeeren servieren.

► Pro Portion
321/77 kJ/kcal • 15,6 g Kohlenhydrate
3,4 g Ballaststoffe • 1,3 BE

Mittags

Hirseauflauf

Für 1 Portion

30 g Hirse
100 g Aprikosen
60 g Magerquark
1 kleines Ei
Schneekoppe Meersalz
Schneekoppe Süßkraft flüssig
1 TL Rum
abgeriebene Schale von 1/2 unbehandelten Zitrone
10 g Butter

Zubereitungszeit 50 Minuten

❶ Hirse in 75 Milliliter Wasser aufkochen und auf der ausgeschalteten Herdplatte 20 Minuten ausquellen lassen. Anschließend abkühlen lassen.

❷ Aprikosen waschen, entsteinen und in Spalten schneiden.

❸ Quark mit Eigelb, 1 Prise Salz, 1 Teelöffel Süßkraft, Rum und

Zitronenschale verrühren und die abgekühlte Hirse unterziehen.

❹ Das Eiweiß zu steifem Schnee schlagen und zusammen mit den Aprikosenspalten vorsichtig unter die Hirsemasse heben.

❺ Hirse in eine gefettete Auflaufform füllen, mit Butterflöckchen belegen und im vorgeheizten Backofen auf der mittleren Schiene bei 220 °C (Umluft 200 °C, Gas Stufe 3) etwa 15–20 Minuten goldgelb backen.

► **Pro Portion**
1365/326 kJ/kcal • 24,4 g Kohlenhydrate
1,1 g Ballaststoffe • 2 BE

Alternative

Kartoffelsalat

Für 1 Portion
- 150 g Kartoffeln
- 100 g Salatgurke
- 30 g gekochter Schinken
- 2 Lauchzwiebeln
- 75 g Karotte
- 75 g Magermilchjoghurt
- 1 TL Schneekoppe Obstessig
- 1 TL Senf
- 1 TL Schneekoppe Speise-Leinöl
- Schneekoppe Meersalz, Pfeffer

Zubereitungszeit 35 Minuten

❶ Die Kartoffeln waschen, in der Schale etwa 20 Minuten kochen, pellen und in Scheiben schneiden. Schinken würfeln.

❷ Die Salatgurke und die Lauchzwiebeln waschen, putzen und in Scheiben bzw. Ringe schneiden. Die Karotte abschaben und würfeln.

❸ Joghurt, Obstessig, Senf, Leinöl, Meersalz und Pfeffer zu einer Salatsauce verrühren und über die Salatzutaten geben.

► **Pro Portion**
1026/245 kJ/kcal • 29,4 g Kohlenhydrate
6,6 g Ballaststoffe • 2,5 BE

TIP

Der Kartoffelsalat lässt sich sehr gut am Vorabend zubereiten und am nächsten Tag ins Büro mitnehmen. Wer das Mittagessen zu Hause einnimmt und Lust auf ein warmes Gericht hat, kann sich alternativ den Hirseauflauf zubereiten.

TIP

Werden Sie während der Diät leicht schwach? Dann sollten Sie sich mit einem Trick überlisten. Kleben Sie ein Foto aus Ihren üppigsten Zeiten an den Kühlschrank. Das hält Sie davon ab, die Tür zwischendurch zu öffnen.

Nachmittags

Quarksnack

Für 1 Portion

1 Schneekoppe 4-Korn-Snack
20 g Magerquark, 1/4 Beet Kresse
1 Tomate, 1 Aprikose

Zubereitungszeit 5 Minuten

4-Korn-Snack mit Quark bestreichen, mit Kresse bestreuen und die Tomatenscheiben darauf legen. Aprikose dazu reichen.

► Pro Portion
628/150 kJ/kcal • 17,8 g Kohlenhydrate
3,4 g Ballaststoffe • 1,5 BE

Abends

Mariniertes Gemüse

Für 1 Portion

100 g Champignons
je 1/2 gelbe und grüne Paprikaschote
125 g Brokkoliröschen
2 Lauchzwiebeln
Schneekoppe Meersalz
60 g geräucherte Putenbrust
1 EL Schneekoppe Obstessig
frisch gemahlener Pfeffer
1 EL Schneekoppe Speise-Leinöl

Zubereitungszeit 25 Minuten

Paprika, Brokkoli, Lauchzwiebeln und Champignons: Mariniertes Gemüse ist kalt oder lauwarm ein leichtes Abendessen für Sommertage (Seite 155).

❶ Gemüse waschen, putzen und in mundgerechte Stücke schneiden. In 50 Milliliter Wasser mit Meersalz 10 Minuten dünsten.

❷ Die Putenbrust würfeln. Das Gemüse mit Obstessig, Pfeffer und Leinöl würzen und erkalten lassen. Putenbrust darüber streuen.

► Pro Portion
890/213 kJ/kcal • 10,8 g Kohlenhydrate
7,9 g Ballaststoffe • 0,9 BE

Spät

Camembertbrot

Für 1 Portion

2 Scheiben Knäckebrot, 5 g Butter
20 g Camembert (30 % Fett. i.Tr.)

Zubereitungszeit 5 Minuten

Die Knäckebrotscheiben mit Butter bestreichen und mit dem in Scheiben geschnittenen Camembert belegen.

► Pro Portion
717/171 kJ/kcal • 14,6 g Kohlenhydrate
0,9 g Ballaststoffe • 1,2 BE

► Tag insgesamt
4778/1142 kJ/kcal • 55,6 g Eiweiß
36 g Fett • 113,9 g Kohlenhydrate
20,6 g Ballaststoffe • 9,5 BE

3. Tag

1. Frühstück

Schokobrot mit Milch

Für 1 Portion

40 g Vollkornbrot
10 g Butter
1 TL Schneekoppe Nuss-Nougat-Creme
200 ml Magermilch

Zubereitungszeit 5 Minuten

Das Vollkornbrot mit Butter und Nuss-Nougat-Creme bestreichen. Dazu ein Glas Milch trinken.

Pro Portion
1144/273 kJ/kcal • 30,6 g Kohlenhydrate
3,9 g Ballaststoffe • 2,6 BE

TIP

Servieren Sie die Diät-Portionen auf Frühstückstellern, dann sehen sie viel größer aus.

2. Frühstück

Aprikosentee mit Keks

Für 1 Portion

1 TL Schwarztee
1 getrocknete Aprikose
1 Schneekoppe Müslikeks

Zubereitungszeit 5 Minuten

Tee mit 150 Milliliter kochendem Wasser übergießen, 3 Minuten ziehen lassen, abseihen und die Aprikose hineingeben. Dazu den Müslikeks essen.

Pro Portion
240/57 kJ/kcal • 16,9 g Kohlenhydrate
1,5 g Ballaststoffe • 0,6 BE

Mittags

Nudeln mit Brokkoli

Für 1 Portion

60 g Vollkornspaghetti
Schneekoppe Meersalz
200 g Brokkoliröschen
1 TL Sesam
1 EL saure Sahne
15 g geriebener Parmesan

Zubereitungszeit 50 Minuten

❶ Spaghetti in kochendem Wasser mit Meersalz 10 Minuten garen.

❷ Brokkoliröschen waschen und in 50 Milliliter kochendem Wasser mit Meersalz und Sesam zugedeckt 5 Minuten dünsten.

❸ Spaghetti abgießen und saure Sahne unterheben. Mit Brokkoli anrichten und mit Parmesan bestreuen.

► **Pro Portion**
1502/358 kJ/kcal • 42,6 g Kohlenhydrate
13,4 g Ballaststoffe • 3,6 BE

Alternative

Nudeln mit Tomatensauce

Für 1 Portion

- 60 g Vollkornspaghetti
- Schneekoppe Meersalz
- 1 Knoblauchzehe
- 2 Sardellenfilets
- einige Stängel Basilikum
- 1 EL Schneekoppe Distelöl
- 125 g Tomaten in Stücken (aus der Dose)

Zubereitungszeit 30 Minuten

❶ Spaghetti in kochendem Wasser mit Meersalz 10 Minuten garen.

❷ Knoblauchzehe schälen und in Scheiben schneiden. Sardellenfilets klein hacken. Basilikum waschen, Blättchen von den Stielen zupfen und in Streifen schneiden.

❸ Öl in einer Pfanne erhitzen, Knoblauchzehen und Sardellenfilets darin andünsten, Tomaten dazu geben und zugedeckt etwa 10 Minuten köcheln lassen.

❹ In der Zwischenzeit Spaghetti abgießen und auf einem Sieb abtropfen lassen.

❺ Nudeln mit der Sauce vermischen, mit Basilikum bestreut servieren.

► **Pro Portion**
1660/397 kJ/kcal
43,1 g Kohlenhydrate
9,1 g Ballaststoffe
3,6 BE

Obwohl die Spaghetti mit Sahne, Parmesan und Brokkoli unvergleichlich schmecken: Wer sich mit dem grünen Blumenkohl nicht anfreunden kann, dem seien unsere klassischen Spaghetti mit Tomatensauce ans Herz gelegt.

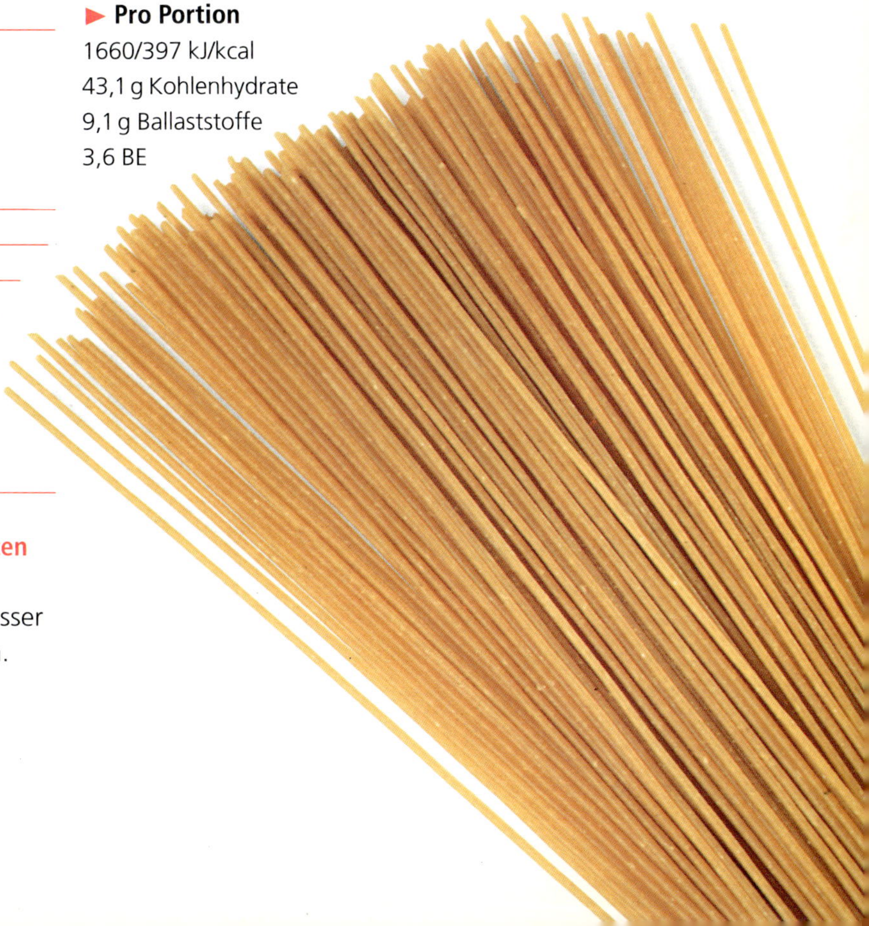

Essen Sie langsam, und kauen Sie gründlich, denn der Sättigungseffekt setzt erst nach 20 Minuten ein. Wer schnell isst, isst mehr als ihm gut tut.

Nachmittags

Müslijoghurt

- 150 g Magermilchjoghurt
- 20 g Schneekoppe Ballaststoff-Müsli

Zubereitungszeit 5 Minuten

Joghurt und Müsli verrühren.

► **Pro Portion**
533/127 kJ/kcal • 12,6 g Kohlenhydrate
2 g Ballaststoffe • 1 BE

Abends

Scharfer Reissalat

Für 1 Portion

- 30 g Naturreis
- Schneekoppe Meersalz
- 75 g Hähnchenbrustfilet
- 1 TL Schneekoppe Distelöl
- 150 g Austernpilze
- 50 g Bambussprossen
- 2 Lauchzwiebeln, 1 EL Sojasauce
- 1 EL Schneekoppe Obstessig
- Curry, Cayennepfeffer

Zubereitungszeit 50 Minuten

❶ Reis in kochendem Salzwasser 30 Minuten garen. Das Hähnchenfleisch waschen, trockentupfen und im heißen Öl von beiden Seiten 15 Minuten braten.

❷ Pilze und Gemüse klein schneiden und in wenig Wasser 10 Minuten dünsten.

❸ Fleisch in Scheiben schneiden. Alle Salatzutaten mischen und mit einer Marinade aus Sojasauce, Obstessig, Curry und Cayennepfeffer würzen. Erkalten lassen und auf einem Teller dekorativ anrichten.

► **Pro Portion**
1247/298 kJ/kcal • 29,3 g Kohlenhydrate
6,8 g Ballaststoffe • 2,4 BE

Italienisch inspiriertes Mittagessen am dritten Tag Ihrer Diät – Nudeln mit zartem Brokkoli und als i-Tüpfelchen frisch geriebener Parmesan *(Seite 159).*

Spät

Obst

- 125 g Honigmelone
- 1 TL Schneekoppe Weizenkleie
- 1 Schneekoppe Mürbekeks

Zubereitungszeit 5 Minuten

Die Melone entkernen und würfeln. Anschließend mit Weizenkleie bestreuen. Keks dazu essen.

► **Pro Portion**
254/60 kJ/kcal • 11,3 g Kohlenhydrate
3 g Ballaststoffe • 1 BE

► **Tag insgesamt**
4920/1173 kJ/kcal • 74,1 g Eiweiß
36,4 g Fett • 143,3 g Kohlenhydrate
30,6 g Ballaststoffe • 11,2 BE

4. Tag

1. Frühstück

Käsebrot mit Kiwi

TIP

Schneiden Sie das Brötchen nicht quer in zwei Hälften, sondern wie einen Laib in Scheiben. Schon haben Sie optisch viel mehr von dem Brötchen.

Für 1 Portion

1 Vollkornbrötchen (50 g)
10 g Butter
20 g Edamer (30 % Fett i.Tr.)
1 Kiwi (100 g)

Zubereitungszeit 50 Minuten

Brötchen halbieren, mit Butter bestreichen und Käse darauf legen. Kiwi dazu essen.

▶ Pro Portion

1215/290 kJ/kcal • 31,2 g Kohlenhydrate
6,7 g Ballaststoffe • 2,6 BE

2. Frühstück

Karotten-Apfel-Rohkost

Für 1 Portion

100 g Karotte
125 g Apfel
1 EL Vollmilchjoghurt

Zubereitungszeit 10 Minuten

Karotte schälen und grob raspeln. Apfel waschen, bis auf das Kerngehäuse grob raspeln und beides mit Joghurt verrühren.

▶ Pro Portion

413/99 kJ/kcal • 18,8 g Kohlenhydrate
5,9 g Ballaststoffe • 1,6 BE

Mittags

Fisch mit Dillgurken

Für 1 Portion

150 g Kartoffeln
Schneekoppe Meersalz
125 g Rotbarschfilet
Schneekoppe Obstessig
250 g Gurke
1 TL Schneekoppe Sonnenblumenöl
3 Zweige Dill
1 EL saure Sahne
frisch gemahlener Pfeffer

Zubereitungszeit 30 Minuten

1. Kartoffeln schälen, waschen und in kochendem Wasser mit Meersalz etwa 20 Minuten garen.

2. Das Fischfilet rasch unter fließendem kalten Wasser waschen, sorgfältig trockentupfen und mit Obstessig beträufeln.

3. Gurke waschen, schälen, längs halbieren und mit einem Löffel die Kerne entfernen. Anschließend die Gurke in Stücke schneiden. Öl erhitzen und die Gurkenstücke darin etwa 10 Minuten schmoren.

4. Fisch in einer beschichteten Pfanne von beiden Seiten je 4 Minuten braten. Dill hacken und mit der sauren Sahne unter das Gurkengemüse geben.

5. Kartoffeln abgießen. Fischfilet und Dillgurken mit Meersalz und Pfeffer würzen.

► Pro Portion
1443/345 kJ/kcal
22,9 g Kohlenhydrate
4,1 g Ballaststoffe
1,9 BE

TIP

Wenn Sie Ihren Fisch im Ganzen kaufen und ihn selbst filetieren, denken Sie beim Kauf daran: Frischer Fisch riecht kaum, die Kiemen sind rosa, die Augen erscheinen prall und durchsichtig.

Nehmen Sie sich nicht zu viel vor. Belohnen Sie sich stattdessen, wenn Sie Ihre realistischen Gewichtsziele erreicht haben. Beispielsweise mit einem Theaterbesuch, einem neuen Kleidungsstück oder einem besonderen Ausflug.

Nachmittags

Marmeladensnack

Für 1 Portion

1 Scheibe Schneekoppe Vollkornreis-Snack
20 g Magerquark
1 TL Schneekoppe Diät-Konfitüre Hagebutte

Zubereitungszeit 5 Minuten

Den Vollkornreis-Snack mit Quark und Konfitüre bestreichen.

► Pro Portion
402/96 kJ/kcal • 10,2 g Kohlenhydrate
0,4 g Ballaststoffe • 0,9 BE

Abends

Gefüllte Tomate

Für 1 Portion

1 große Tomate (150 g)
30 g Geflügelmortadella
1 Gewürzgurke (50 g)
1 TL Schneekoppe Pikanter Aufstrich Paprika
3 Zweige Petersilie, 40 g Graubrot
100 ml Schneekoppe Möhrensaft

Zubereitungszeit 15 Minuten

❶ Die Tomate waschen, einen Deckel abschneiden, die Tomate aushöhlen und das Fruchtfleisch durch ein Sieb streichen.

❷ Mortadella und Gurke klein schneiden. Paprika-Aufstrich mit Tomatenpüree verrühren. Petersilie fein hacken. Alles vermischen und in die ausgehöhlte Tomate füllen. Brot und Möhrensaft dazu reichen.

► Pro Portion
941/225 kJ/kcal • 28,3 g Kohlenhydrate
4,5 g Ballaststoffe • 2,4 BE

Ein leichtes Mittagessen am vierten Diät-Tag: Fisch klassisch – mit Gurken, Dill und Salzkartoffeln (Seite 163).

Spät

Schnittlauchbrot

Für 1 Portion

2 Scheiben Knäckebrot
20 g körniger Frischkäse
1/2 Bund Schnittlauch

Zubereitungszeit 50 Minuten

Knäckebrot mit Frischkäse bestreichen, Schnittlauch waschen, hacken und darüber streuen.

► Pro Portion
409/98 kJ/kcal • 15,3 g Kohlenhydrate
2,7 g Ballaststoffe • 1,3 BE

► Tag insgesamt
4823/1153 kJ/kcal • 62,8 g Eiweiß
36,8 g Fett • 126,7 g Kohlenhydrate
24,3 g Ballaststoffe • 10,5 BE

5. Tag

TIP

Verschenken Sie alle Naschvorräte, oder schließen Sie sie weit weg. Ihre Waage wird Sie dafür belohnen.

1. Frühstück

Orangenmüsli

Für 1 Portion

1 Orange (125 g)
15 g Schneekoppe 10-Früchte-10-Vitamine-Vollkorn-Müesli
1 EL Magermilchjoghurt
1/2 TL Schneekoppe Extra-Auslese-Honig
1 Schneekoppe Zwieback
5 g Butter

Zubereitungszeit 10 Minuten

Orange schälen, filetieren und mit Müsli, Joghurt und Honig verrühren. Dazu Zwieback mit Butter essen.

► Pro Portion
826/198 kJ/kcal • 32,7 g Kohlenhydrate
4,7 g Ballaststoffe • 2,7 BE

2. Frühstück

Exotik-Tee mit Keks

Für 1 Portion

1 TL Schwarztee
1 Zweig frische Minze
3 Kapstachelbeeren
2 Schneekoppe Butterkeks

Zubereitungszeit 10 Minuten

❶ Den Schwarztee und die Pfefferminze mit 150 Milliliter kochendem Wasser übergießen, 3 Minuten ziehen lassen.

❷ Anschließend abseihen und die enthülsten Kapstachelbeeren hineingeben. Kekse dazu essen.

► Pro Portion
372/89 kJ/kcal • 16 g Kohlenhydrate
2,5 g Ballaststoffe • 1,3 BE

Mittags

Nudel-Gemüse-Topf

Für 1 Portion

100 g Putenbrustfilet
1/4 l Instant-Gemüsebrühe
150 g Karotte
150 g Stangensellerie
150 g Lauch
40 g Vollkornnudeln
Schneekoppe Meersalz
frisch gemahlener Pfeffer
1 TL gehackter Majoran

Zubereitungszeit 35 Minuten

❶ Putenbrust waschen, in Stücke schneiden und in kochender Gemüsebrühe 10 Minuten garen.

❷ Karotte waschen, abschälen und würfeln. Stangensellerie waschen, von den äußeren Stängeln eventuell die harten Fäden abziehen und die Stängel mit dem zarten Grün in Stücke schneiden. Lauch waschen, putzen und in Ringe schneiden.

❸ Das Gemüse zum Fleisch geben und 5 Minuten garen. Nudeln zufügen und weitere 10 Minuten kochen lassen.

❹ Den Nudel-Gemüse-Topf mit Meersalz und Pfeffer würzen und mit Majoran bestreut anrichten.

► **Pro Portion**
1489/356 kJ/kcal
37,1 g Kohlenhydrate
14,6 g Ballaststoffe
3,1 BE

Die Pfefferminze zählt seit dem Mittelalter zu den in der Volksmedizin gebräuchlichsten Heilpflanzen. Ihr ätherisches Öl Menthol wirkt krampflösend, etwa bei Darmkoliken und Menstruationsbeschwerden, aber auch leicht betäubend auf die Magenschleimhaut und leicht anregend auf den Gallenfluss. Die Pfefferminze bietet dadurch eine wertvolle Hilfe bei Magenreizungen, der verstärkte Gallenfluss wirkt sich positiv auf den Fettstoffwechsel aus, senkt vielleicht sogar erhöhte Cholesterinwerte.

Trinken Sie 30 Minuten vor dem Essen ein Glas stilles Wasser. Das füllt den Magen und nimmt etwas vom Hungergefühl.

Nachmittags

Rote-Bete-Saft

Für 1 Portion
- 150 ml Schneekoppe Rote-Bete-Saft
- etwas Zitronensaft
- 1 TL Schneekoppe Weizenkleie

Zubereitungszeit 5 Minuten

Rote-Bete-Saft mit Zitronensaft und Weizenkleie verrühren.

► Pro Portion
278/66 kJ/kcal • 12,9 g Kohlenhydrate
6,3 g Ballaststoffe • 1 BE

Abends

Käsesalat

Für 1 Portion
- 30 g Gouda (30 % Fett i. Tr.)
- 1 Lauchzwiebel
- 2 Tomaten
- 5 Radieschen
- 50 g Gurke
- 4 Salatblätter
- 1 TL Schneekoppe Obstessig
- Schneekoppe Meersalz
- frisch gemahlener Pfeffer
- 1 TL Schneekoppe Speise-Leinöl
- 25 g Vollkornbrot

Zubereitungszeit 10 Minuten

Wenn mittags der große Hunger kommt: Der Nudel-Gemüse-Topf lässt Sie Ihre Diät vergessen (Seite 167).

❶ Gouda in Streifen schneiden. Gemüse und Salat waschen, putzen und in Stücke schneiden.

❷ Obstessig, 1 Esslöffel Wasser, Meersalz, Pfeffer und Leinöl zu einer pikanten Salatsauce verrühren und über die übrigen Zutaten geben. Brot dazu essen.

► Pro Portion
911/217 kJ/kcal • 17,0 g Kohlenhydrate
5,6 g Ballaststoffe • 1,4 BE

Spät

Snack mit Sülze

Für 1 Portion
- 1 Scheibe Schneekoppe Reis-Mais-Snack
- 5 g Butter, 15 g Kalbfleischsülze

Zubereitungszeit 5 Minuten

Den Reis-Snack mit der Butter bestreichen und mit Kalbfleisch-sülze belegen.

► Pro Portion
564/135 kJ/kcal • 18,0 g Kohlenhydrate
0,4 g Ballaststoffe • 1,5 BE

► Tag insgesamt
4440/1061 kJ/kcal • 63,2 g Eiweiß
29 g Fett • 133,7 g Kohlenhydrate
34,1 g Ballaststoffe • 11 BE

Diabetiker-ABC

Optimale Blutzuckerwerte liegen nüchtern unter 120 mg/dl und nach einer Mahlzeit unter 160 mg/dl.

Adrenalin
Hormon, das den Blutzuckerspiegel steigert, etwa bei starkem Stress oder bei Krankheit.

Bauchspeicheldrüse
Pankreas. Organ, in dem die Hormone Insulin und Glukagon gebildet werden.

B-Zellen
Beta-Zellen. Zellen in der Bauchspeicheldrüse, in denen Insulin produziert und gespeichert wird.

Broteinheit (BE)
1 BE entspricht 12 Gramm verdaulichen Kohlenhydraten (Monosaccharide, verdauliche Oligo- und Polysaccharide, Zuckeraustauschstoffe). Der Ausdruck »Broteinheit« wird heute zunehmend von der Bezeichnung »Berechnungseinheit« abgelöst, die man ebenfalls »BE« abkürzt und die ebenfalls 12 Gramm verdaulichen Kohlehydraten entspricht.

Blutzuckerwert (-spiegel)
Er gibt Auskunft über den Zuckergehalt des Blutes und wird in Milligramm/Prozent (Milligramm pro 100 Milliliter) gemessen. Die Normalwerte für Nüchtern-Blutzucker liegen bei 70 bis 120 mg/dl; bei weniger als 50 mg/dl tritt Unterzuckerung ein.

Diabetes mellitus
Die Bezeichnung ist griechischen und lateinischen Ursprungs und heißt wörtlich übersetzt »honigsüßes Hindurchfließen«. Es handelt sich hierbei um eine Stoffwechselerkrankung. In der Bauchspeicheldrüse kann das Hormon Insulin, das für den Transport von Zucker in die Zellen benötigt wird, nicht oder in nicht ausreichender Menge hergestellt werden.

Diabetes Typ I
Tritt hauptsächlich bei Kindern und Jugendlichen auf. Insulinabhängig.

Diabetes Typ II
Früher Altersdiabetes genannt. Häufig durch Fehlernährung bedingt. Nicht zwingend insulinabhängig.

Fruktose
Fruchtzucker. Eine Zuckerart, die, wie Traubenzucker, im Saft süßer Früchte und im Honig vorkommt.

Glukose
Einfachzucker, Traubenzucker, Dextrose. In der Natur meistverbreiteter Zucker, der in vielen Pflanzensäften, in Früchten und im Honig vorkommt. Dient den Körperzellen als »Treibstoff«.

Glykogen
Speicherform des Zuckers, auch Reservekohlenhydrat genannt. Glykogen wird mit Hilfe von Enzymen und Hormonen in der gesunden Leber aus Glukose gebildet, in Leber und Muskulatur des Menschen gespeichert und bei Bedarf in Glukose zurückverwandelt.

Glukagon
Hormon der Bauchspeicheldrüse, Gegenspieler des Insulins. Mobilisiert die Zuckervorräte in der Leber.

Grüne Liste
Von der diätetischen Lebensmittelindustrie herausgegebenes Buch. Aufstellung über diätetische Lebensmittel mit Angaben über Zusammensetzung, Indikation und empfohlene Verwendung.

Hb-A1-Wert
Hämoglobin-A1-Wert. Gibt Auskunft über die Blutglukose in den vergangenen zwei bis vier Wochen. Er bildet das so genannte »Blutzuckergedächtnis«, mit dem der Arzt Blutzucker überprüfen kann.

Harnzuckerwert
Er gibt Auskunft über den Zuckergehalt im Urin.

Hyperglykämie
Überzuckerung des Blutes. (Siehe auch Seite 13).

Hypoglykämie
Unterzuckerung des Blutes. Symptome: siehe Seite 13. Gegenmaßnahme: Traubenzucker essen.

Insulin
Hormon, das in der Bauchspeicheldrüse gebildet wird und vom Körper bei der Umwandlung von Glukose in Glykogen benötigt wird. Bei Diabetikern ist die Insulinbildung oder die Reaktion des Körpers auf das gebildete Insulin gestört. Zur Insulinbehandlung wird gereinigtes Insulin aus der Bauchspeicheldrüse von Schweinen oder durch moderne Verfahren hergestelltes Insulin verwendet. Die verschiedenen Insuline unterscheiden sich im Wesentlichen durch Herkunft, Wirkungsdauer und Wirkungsprofil.

Typ-I-Diabetiker müssen in der Regel lebenslang das Hormon Insulin spritzen. Es gibt Insuline unterschiedlicher Herkunft und Wirkungsweise. Welches Insulin und welche Behandlung für Sie richtig ist, kann nur der Arzt in einem persönlichen Gespräch mit Ihnen entscheiden.

Diabetiker dürfen und sollen reichlich Kohlenhydrate essen. Weil Kohlenhydrate satt machen und Energie liefern, aber kaum in die Fettpolster wandern, werden sich viele Diabetiker dadurch wohler fühlen und besser satt werden.

IE
Internationale Einheit für das Grundmaß der Insulinmenge.

Ketonkörper
Stoffwechselprodukte, die bei Diabetes und Hunger vermehrt im Blut auftreten. Sie werden im Harn ausgeschieden, wenn zu viel Fett verbrannt wird und sind mit in der Apotheke erhältlichen Urinteststreifen leicht nachweisbar. Hinweis auf Stoffwechselentgleisung.

KHE
Kohlenhydrateinheit. Anstelle von Brot- oder Berechnungseinheiten (BE) gebräuchliche Einheit in den neuen Bundesländern. 1 KHE entspricht 10 Gramm Kohlenhydraten.

Kohlenhydrate
Energiehaltige chemische Verbindungen, die aus einem oder mehreren Zuckerbausteinen zusammengesetzt sind.

Koma
Länger dauernde, tiefe Bewusstlosigkeit, die durch starke äußere Reize nicht unterbrochen werden kann. Ursachen können Stoffwechselentgleisungen etwa bei Diabetes und Leberinsuffizienz sein.

Körperliche Bewegung
Beschleunigt den Energieumsatz, das heißt, es wird vermehrt Glukose verbraucht.

Lipide
Fette. Sie sollten nur 30 Prozent der gesamten Energiezufuhr ausmachen.

Normalinsulin
Altinsulin, schnell wirkendes Insulin, Wirkungsbeginn nach 5 bis 10 Minuten mit einer Wirkungsdauer von etwa vier Stunden.

Normalglykämischer Wert
Blutzuckerwert, der sich im Normalbereich zwischen 60 mg/% bis maximal 140 mg/% bewegt.

Nüchternzucker
Blutzuckerwert, zwölf Stunden nach der letzten Nahrungsaufnahme gemessen.

Protein
Eiweiß, es sollte 10 bis 20 Prozent der Energiezufuhr ausmachen.

Remissionsphase
Erholungsphase. Oft tritt nach

Ausbruch von Diabetes mellitus eine kurze Erholung der Bauchspeicheldrüse ein, die meist nur einige Wochen bis Monate anhält. In dieser Zeit kann die zuzuführende Insulinmenge gesenkt werden. Nach Ende der Erholungsphase ist das benötigte Insulin wieder von außen zuzuführen.

Saccharose

Enthalten in Rohrzucker, Rübenzucker, Haushaltszucker. Aus je einem Molekül Glukose und Fruktose aufgebautes Disaccharid. Haushaltszucker ist in der Diabetes-Diät erlaubt, jedoch nicht mehr als 30 Gramm pro Tag, »verpackt« in den Mahlzeiten.

Spätfolgen

Wird der Diabetes nicht gut eingestellt, können Gefäßleiden, Schädigungen der Nerven, Organ- und Nierenschäden sowie die Ablösung der Netzhaut des Auges mitunter die Folge sein.

Süßstoff

Stoffe mit höherer Süßkraft als Haushaltszucker, die als Zuckerersatz dienen. Sie sind bei der Berechnung der Broteinheiten/Berechnungseinheiten (BE) nicht zu berücksichtigen.

Sulfonamidpräparate

Präparate, die die körpereigene Insulinreserve vermehrt ausnutzen. Eine Wirkung ist nur möglich, wenn in der Bauchspeicheldrüse noch ausreichend Insulin gebildet wird. Sie werden zur Tablettentherapie bei Typ-II-Diabetikern eingesetzt.

Traubenzucker

Siehe Glukose.

Verzögerungsinsulin

Depotinsulin, das den Grundbedarf für 12–24 Stunden abdeckt. In Ergänzung dazu müssen zu den Mahlzeiten kleine Dosen hochwirksamen Insulins gespritzt werden. Moderne Insulinpräparate enthalten in der Regel eine Kombination aus schnell wirkendem und Depotinsulin.

Zuckeraustauschstoffe

Süß schmeckende Kohlenhydrate und Zuckeralkohole, die im Körper insulinunabhängig verwertet werden. Sie müssen bei der Berechnung der Broteinheiten (BE) berücksichtigt werden. Diätetischen Lebensmitteln für Diabetiker dürfen heute die Zuckeraustauschstoffe Sorbit, Xylit und Mannit sowie Fruktose zugesetzt werden, andere Zuckeraustauschstoffe nur mit Ausnahmegenehmigung.

Zuckeraustauschstoffe gehen langsamer ins Blut über und belasten damit weniger die Insulinproduktion. Bei der Umrechnung in Broteinheiten müssen sie allerdings berücksichtigt werden. Zwölf Gramm davon entsprechen 1 BE.

Rezeptregister von A – Z

Sachregister

Rezeptregister nach Kapiteln

Frühstück

Zwischenmahlzeiten

Mittagessen

Abendessen

Nachspeisen

Torten und Gebäck

Geschenke

5-Tage-Diät

Die Autorinnen
Monika Donath arbeitet seit 1990 als freie Food-Journalistin in Wedel bei Hamburg. Eine Vielzahl von Publikationen zu den Themen »Kochen« und »Ernährung« belegen ihre Kompetenz und Erfahrung. Speziell für dieses Buch erarbeitete sie zusammen mit Schneekoppe die besten Rezepte für eine gesunde und abwechslungsreiche Diabetiker-Küche.

Christine Pitzke ist examinierte Krankenschwester und studierte Germanistik und Psychologie. Als Medizinjournalistin sind ihre Themenschwerpunkte Innere Medizin, Präventivmedizin und Ernährung.

Der Fotograf
Karl Newedel arbeitet als Food-Fotograf und Food-Stylist in München. Bevor er sich ganz dem Styling und der Fotografie verschrieb, war Newedel elf Jahre lang als gelernter Koch und Küchenchef in der internationalen Spitzengastronomie tätig. Seine Fotos strahlen diese Liebe zum Kochen aus. Sämtliche in diesem Buch abgebildeten Gerichte wurden auch von ihm gekocht.

Anmerkung der Redaktion
Diesem Buch liegt die im Juli 1996 in Wien beschlossene und ab 1. August 1998 verbindliche Neuregelung der deutschen Rechtschreibung zu Grunde.

Bildnachweis
Alle Fotos Karl Newedel, München, mit Ausnahme von Seite 47, 71, 75, 78, 93, 113, 131, 135, 143 (Schneekoppe)

4. Auflage 1999

Herausgeber:
Schneekoppe GmbH & Co., Seevetal

Lektorat: Doris Steinbacher
Projektleitung: Michaela Röhrl
Redaktionsleitung: Dr. Reinhard Pietsch
Bildredaktion: Bettina Huber
Fotografie: Karl Newedel
Foto-Assistenz: Kerstin Groh
Küche: Tina Nunnenmacher
Produktion: Manfred Metzger
Layout und Umschlaggestaltung:
Manuela Hutschenreiter
DTP/Satz: Elke Löb

Printed in Italy
Gedruckt auf chlor- und säurearmem Papier

ISBN 3-517-07560-4